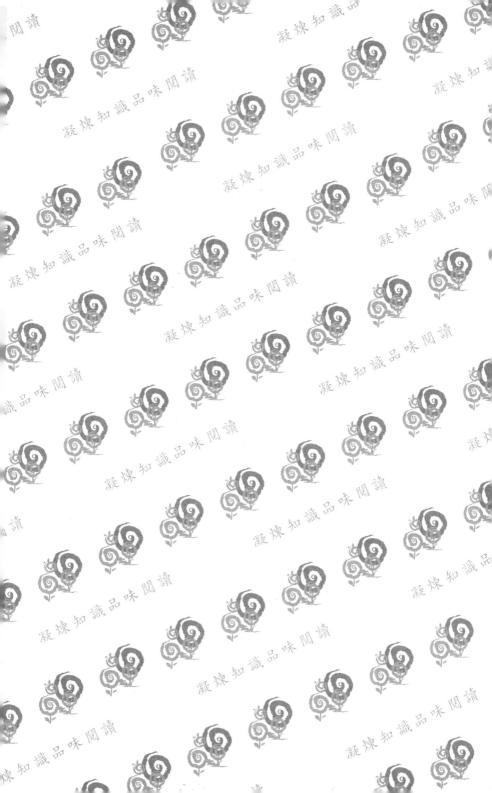

人本主義與人文學科

洪鎌德 著

五南圖書出版公司 印行

序

本書前身爲揚智版《人文思想與現代社會》（出二版三刷：一九九七、二〇〇〇、二〇〇四）。該卷書出版十三年間經歷不少的教學與討論而有所增添，並被列入台大通識教育的指定讀本，而深獲好評。現加以增補與修訂，取其前半本涉及人文的部分詳加敘述，形成本專書之主要內容，另外新撰西洋人文思想、人本主義、人文學科的發展史兩章，相信有益於讀者瞭解歐洲十四與十五世紀以來盛行的人本主義與人文精神，而便利各方掌握哲學、歷史、藝術等人文學科發展之梗概。

進行這項修訂與增寫的工作，係在新加坡七、八月赤道氣候涼爽而不帶酷熱的情況下完成。大女兒寧馨借給的參考書剛好發揮襄助的作用，令人感激。

此書的改版、重印、增新得以順利進行，應該感激五南出版社編輯歐陽瑩小姐，也歸功於我之前台大的研究助理廖育信博士的打字修正以及台大國發所博士生董倫銓先生的認眞校對，在此一併申謝。

最可感激的仍舊是老伴蘇淑玉女士。她對我的精神、體力、飲食、休息的細心照顧，使我這個老學究心身康適，得以繼續貫徹撰著譯述的志業，在此敬呈我至深的謝忱，是爲序。

洪鎌德

二〇〇八年八月八日於新加坡寓所

目次

第一章 西洋文明的活頭泉水

一、古希臘的哲學、科學和文藝

1. 希臘半島和愛琴海群島的天時、地利與人和

西洋文明的搖籃可以遠溯近東兩河流域、約旦河谷，甚至北非尼羅河流域，而最主要的則是巴爾幹半島南端的希臘海灣、港市和愛琴海上的群島，包括小亞細亞半島兩岸的愛奧尼亞海岸。

這個號稱地中海東部的廣大地區，曾經是古代希臘和羅馬人活動的領域，也構成古西洋文明的發源地。巴爾幹半島的南端與小亞細亞（今土耳其）西岸，不但海岸線特長與曲折、港灣甚多、還呈現島嶼林立、小島星羅棋布的特殊景觀。由於地中海氣候暖和，沒有寒冽或酷熱的變化，更適合人群的生活與居住。是故古希臘文明拜受天時和地利而蓬勃發展。

古希臘的黃金時代大約在紀元前六世紀至四世紀之間，尤其在索倫擔任執政官（Solon 594或592B.C.）以後，大力消除貧富差距、廢除欠債者成爲債權人的奴隸之惡法，使雅典擁有一部相當公平的憲法。據此執政者（*archon*）、賢人署（*aristoi*）和民眾議會（*ehlesia*）成爲市邦三個分立而相互制衡的機構，有利於雅典的民主政治的推行。雖然

柏拉圖（Pareto 429-349 B.C.）不認爲直接民主可使哲君衛士和工商大眾發揮每人的專長，達到鎔冶金、銀、銅、鐵於一爐，建構公平、公正和快樂的理想國。但雅典這種前無古人、後無來者的民主政制，反而使當代歐美民主制度暴露其瑕疵與缺點。現代西方的自由民主不過是靠群眾選舉來建立的寡頭政制而已（elective oligarchy）。[1]

2. 城邦與民主政制

希臘的城邦（*polis*）本意爲城寨（軍隊駐防城），其人口在紀元前四三一年有三十二萬五千人，至紀元前三一七年則剩下十八萬五千人。對柏拉圖與亞理士多德（Aristotle 384-322 B.C.）而言，最理想狀態的城邦人口數爲五千人，也是便利動員、抽籤和分配工作最方便的數目。其實引進民主政制的人並非索倫，而爲紀元前五〇七年的柯萊斯特尼士（Kleisthenese），而柏克利斯（Pericles 495-429 B.C.）的統治則是雅典民主政治最輝煌、最燦爛的時代。原因是民眾議會成爲國家最高的權力機關。他興建城牆防止外敵入侵，使執政團的成員得到薪酬，而專心爲政。政治人物在古希臘要能言善語，重視修辭，俾讓群眾信服。是故與古希臘民主政制相關聯的便是「修辭學」，亦即辯才無礙和善於應用邏輯推理，這剛好與當代英美民主制度中政治人物言辭乏味、巧言令色成爲重大的對比。隨著雅典民主政制的消失，修辭學不再成爲現代政治學重要的一部分，令人殊感可惜。

造成古希臘哲學、科學、文藝、建築文化等的勃興，最大的幾個原因，除了前面所言，地中海溫和的氣候，愛琴海特殊的海灣、半島、群島之自然環境以外，更重要的是這個區域長期間沒有任何一個大國可以統合、壓迫和強制附近人民屈從於暴力或威權之下。更因爲人民與他族航海、經商往來的密切接觸，也使思想、觀念、信仰於一尊（猶太教、基督教、伊斯蘭教）的教會或教派，不致用一種宗教來束縛百姓的思想。換言之，教權與王權尚未結合成一體，祭司、僧侶尚未成爲統治者的工具（思想警察），自由思想才會大行其道。此外愛奧尼亞人爲商人除了交換貨物之外，更會交換理念，這是活潑觀念、清晰思路的要件。與此有關的是這個地區不像埃及、巴比倫、波斯等地區，到處是代代傳承的會堂組織、到處是僧侶在活動，以致怪力亂神的觀念沖昏了百姓的頭，禁錮了民眾的思考。[2]

3. 知天與知人

雖然希臘的神話一大堆，但神與人的距離並不遙遠，神具有人類的優點與弱點，神有愛情、寬恕和記恨，其命運和人類的遭際完全一樣。這可從荷馬兩大偉大的作品《伊利亞德》和《奧德賽》看出。特別是作爲英雄人物的奧德賽，其行爲之充滿實際，其思想之符合理性，可以說離開神明的指示和操縱，完全獨立於神明的意旨之外。荷馬這種俗世、實際與理性的英雄行爲之描述，對希臘人群生活的影響至爲重大，也是使「神話」（*mythos*）與「邏輯」（*logos*）[3]可以相互對立，但又並行不悖的因由。

有異於古代巴比倫、猶太人和埃及人，重現世、重實務的希臘人自古便企圖解開宇宙和自然的迷思，企圖破除宇宙是神明創造的神話，甚至探討人生在世的意義，進一步接受蘇格拉底（Socrates 470-399 B.C.）的訓示：「認識你自己」，從而以人人爲尊，成就人本精神、人本觀念和人道主義。由於古希臘人善觀周遭自然和人事的變化，歸納這些變化的規則，遂賦予宇宙和大自然以秩序。人們只要能夠認識這些變化的秩序和規則，便可以瞭解周遭的事物。於是知識是可以取得，可以用觀察來驗證，便成爲認識和理解自然的工具。希臘人成爲肯定和尊重知識的理性民族。這是古希臘文化對人類知識的演進、增長做出第一個，也是最重大的貢獻。

對希臘人來說，自然界的演變規則是因果的、是必然的，不容人群的意志來改變的，這便是「物理性的規則」（*physis*）。與自然秩序相反但又相成的，卻是人群的、社會的、人事的變化。這方面的秩序則是「人文的規則」（*nomos*）。這是人爲的、人制定的、隨時可以改變的，也是受到時空限制的人造法律。這兩種律則的不同，在古希臘的思想家中相當的流行。[4]

二、古希臘的哲學

1. 宇宙論、原子論和醫學

在探討宇宙如何形成，世界怎樣誕生這類非常嚴肅、非常抽象的問題時，古希臘的哲學家（也就是愛智之士）避開猶太人神明創造大地與人類的想法和說詞，大力尋覓成就世上萬事萬物的第一個因素。因之，泰勒斯在紀元前六世紀便提到構成大地萬物的首要因素爲水。其後繼者安納沙克曼尼則視首要元素不是水，而是難以界說、難以定義的某物，特別是相互對立（冷與熱、乾與濕）的東西。他反對人是從神或巨人的後裔轉成的說法。反之，人的始祖可能是魚，是在積水消失轉成灘地之後演進而成。是故他的學說當中不乏進化論的背景。畢達哥拉斯發現直角三角形，直角的度數等於兩股角度的和，以及三角形兩股的平方相加會等於斜弦的平方，這就是著名的畢氏定理，不但是具體事物的寫照，更是抽象原理的推演。其信徒甚至從月蝕上推想地球爲球狀，而非偏平。由於對數目的探討，這些信徒相信構成世界的基石不是精神、不是物質，而是數目。劉齊蒲斯（Leucippus）和德謨克里圖斯（Democritus 460-370 B.C.）則是最早提出原子爲宇宙基本構成元素的思想家，他們指出世上事物由無限數目細小的原子合構而成，這些元素活動在無限的空間中，由於原子的結合、碰撞和轉型而形成各種各樣的事物。我們周遭的實在就是一部無生命的機器，其中惰性的、物質性的原子在不斷運動、操作。

在紀元前五世紀與四世紀之間，一股更具現世、實用的觀念傳統崛起，這是牽涉到號稱醫學始祖的希波克拉提斯（Hippocrates of Kos 460-377 B.C.）之學派。作爲一位細心研究人體的健康與病痛之觀察者，他首先把醫療從哲學中解脫出來。他留意氣候與環境對人的生理與心理的影響，找出癲癇與痲瘋的病因，不認爲這種病徵與鬼神有關，而主張頭腦的血管阻塞——自然原因——所造成的。他指出人們的體內有四大流質：痰、血、黃膽汁、黑膽汁四種元素（四「根」），與宇宙的火、空氣、水與土相配對，造成熱、乾、冷和濕的四種性質。是故冬天人體多痰，得病者多與風寒有關。治療人身之病在於找出何種因素在何種季節擔任主導，而設法恢復因素之間的平衡。希氏最大的貢獻爲勸誡醫務人員以病人的治癒爲急務，不得利用醫療者的身分或威權誘拐病人，不管後者是「男或女、奴隸或自由人」。換言之，他的醫療箴言在於建立醫生與病人的信任，這是他被尊奉爲醫療界的祖師爺之原因。

愛奧尼亞思想家所創造的愛奧尼亞實證主義，或稱愛奧尼亞的啓蒙運動，表現哲學與科學的倡導，使哲學與科學以雙重的形式出現在世上。泰利斯（Thales 640-546 B.C.）、安納沙克曼德（Anaximander 611-547 B.C.）和安納沙克尼斯（Anaximenes 585-525 B.C.）認爲宇宙（*kosmos*）是富有邏輯的、充滿秩序的、可被認知的。古希臘哲學家心目中的大自然比起詩人的描述或宗教家的想像還更優越。

2. 詭辯學派和蘇格拉底

出身在紀元前五二〇年的帕門底斯（Parmenides c.a. 520-450 B.C.）雖然只留下一百六十行的〈論自然〉一篇文章，卻展示他對哲學方法對實在一體性的認識，有過人之處。作爲一位懷疑論者，他質疑觀察所獲得的知識之可靠性；反之，透過內心省思、反覆的究辯，才能掌握事項的本質（*noema*）。換言之，除了科學觀察之外，還要讓心靈去體會所觀察的客體，吾人才會知悉事物的眞象。帕門底斯正是蘇格拉底之前或同時代的眾多愛智之士、聰明之人的一個典型人物，他們靠周遊各地與列國，而教育人群思想和辯論，並靠弟子繳納的學費得以營生，是故他們是以思想和教育爲職責的教師。當時最著名的詭辯學家爲普羅塔克拉斯（Protagoras 490-421B.C.），他的懷疑論讓他質疑神明的存在：「我對諸神一無所知，也不知祂們是否存在，不知祂們的樣貌。」這句名言影響另一位詭辯學家塞納豐，他認爲以人的舉止樣貌來想像神明的樣子會造成馬崇拜馬神、羊崇拜羊神。與其神明是一大堆，倒不如相信獨一之神，更爲簡單省事。

雖然蘇格拉底常以辯才暴露同代辯士的辯術之自相矛盾，而贏得人們的讚賞，但他也是以販賣辯術爲生的詭辯學者之一。他不致力於科學的觀察、經驗事實的認明，但卻孜孜矻矻展開心路與口頭的爭辯。這位述而不著的古希臘思想界大師之所以留名千古有幾個理由：第一，他深信善與正有永恆不變的「絕對標準」可供人們信守遵循；第二，所有自然界的萬物朝向一個目標邁進，這個目標爲對至善與正義之追求，以及實現；第三，爲了發現這個「標準」，每個人都要致力發現自己、瞭解自己。這也是著名的「蘇格拉底方式」。藉著這個方式他對所碰見的人打破沙鍋問到底，追究每項解答背後的用意，而像助產士用擠推的方式把嬰兒從產婦的子宮中拉拔下來。蘇格拉底以刺激人群的詰問方式迫使眾人反身深思。他的作法並非要弄嘴皮、玩弄言詞來贏取詭辯的勝利，而是靠心靈的煎熬、思想的操練，而迫近實在和眞理的心路歷程。凡是無法透過檢驗的人生是不值得人們去生活的。他這種挑戰凡俗、嘲諷民主、取笑僞善，卻導致他受到官署的控告，最後以七十一歲的高齡被迫飲鴆自盡。

3. 柏拉圖的觀念論與唯心主義

作為蘇格拉底嫡系傳人的柏拉圖（Plato 429-349B.C.），係在紀元前四〇七年結識其老師，而放棄吟詩弄詞的初願，改以哲學的研讀與發揮作為其終身的志業。與其師不同，柏拉圖的著作豐富、研究的對象與範圍廣大，討論過靈魂的不朽、論述生命的起源，談過大西洋理想的國度，以及倡議雅典擊敗海上入侵的敵國之戰略。他也在《提梅友》對話錄中論述有智慧、全知全能的神明怎樣建立世界秩序。這篇對話後來在基督教中找到知音與反響。

在柏拉圖廣博的學識與豐富的著作中，以他「觀念」的理論最為傑出，也是影響後世最重要的學說。換言之，柏氏被譽為觀念論、理念論、唯心主義的奠基者，就導因於這一觀念論。對他而言，世間萬事萬物都有其原本的、純眞的「樣態」（form），或稱「原型」（prto-type），這是該事物的觀念或理念。有時事物呈現其他的樣態，無非是原型或理念的走樣、演變。詳言之，世上存在之物出現在四個層次之上：最底下為陰影，其上為感象（感覺到的意象），再其上為數字呈現的形式（世界是數學化、數字化諸形式的合構體），最上層則爲觀念（原型，純粹的形式），爲了認識這四個層次的事物，我們要靠幻相、信仰、數理和辯證來掌握。最後地，也是最高的認知方法就是辯證法，這是透過探問、討論、對話、批評來獲取知識的正途。

後世對柏拉圖讚賞與批評最激烈的無過於是他的作品《理想國》。他反對以榮譽爲尊的政體（*timocracy*），也不喜歡寡頭、民主和暴君的政體，而主張理想的賢君統治，賢君亦即國家的元首，同時是有智慧、愛智的哲學家。在賢君之下接受三十至三十五年教育與訓練的衛士，充當國家的官吏，集行政、立法與司法大權於國家機器之中，其下爲從事農工商各業的平民，賢君的德性爲智慧、衛士的德性爲勇敢，平民的德性爲節制。這三種不同的人群所遵守的德性之集合就是正義、就是公平。因此，柏拉圖理想的國家乃是上下有分、階級身分明確，但每人都按其能力以實現自己潛能的公平社會。當然這種社會並非公開、開放的社會，而爲封閉、極權社會的典型，而遭到現代哲學家（像Karl Popper）的抨擊。

4. 亞理士多德的經驗與現實主義之學說

與柏拉圖的博學相當，而更有系統地研究天文、自然、人事，因之，把人類實在的知識做成博綜的、有組織的學科，便是古代首位的百科全書家的亞理士多德。依據研究對象爲大自然、爲人群、爲個別人的心靈，他把學問區分爲自然（天文、地理、物理）、倫常（政治、倫理、哲學）和心理（認知〔邏輯〕、美感、藝術）等不同學科或研究部門。

做過亞歷山大大帝的御用教師，以及主持他所創立的逍遙學院長達十年以上教務的亞理士多德，並非一位激勵學徒遐思的先知，卻是一位諄諄善誘的專業教師。他揚棄其教師柏拉圖（在學院跟隨柏拉圖長達三十年以上，直至後者逝世爲止）的神祕主義，而以實用的、精明的常識來建構其知識體系。特別是在討論政治時，亞理士多德不像柏拉圖靠想像力企圖建立一個不切實際的烏托邦，而是實地收集當時地中海一百五十八個小邦的憲法，一一過濾和比較，而提出他對政體的看法。基本上他歸納爲六種類型，用一個簡表可以看出，橫軸上左邊爲優良的、利民的政制，右邊則不利多數人，而有利於統治者。在縱軸上則依統治者爲一人、爲少數與多數，依序由上而下排列：

表1.1　亞理士多德對政體的排比

量＼質	優良政體	不良（反常）政體
政體得利者爲一人	君主制（monarchy）	暴君制（tyranny）

量＼質	優良政體	不良（反常）政體
得利者爲少數	貴族制（aristocracy）	寡頭制（oligarchy）
得利者爲多數	民主制（polity）	暴民制（democracy）

資料來源：Sabine and Thorson 1973: 115-123.[5]

古希臘對democracy有兩義：其一爲民主制，其二爲暴民制，爲了便利區隔，我們用polity代表良好的democracy，而把原先含有貶義的democracy當成壞的群眾政治（mobcracy）來看待。事實上，他經驗性、實證性蒐集的各國憲法與比較研究的結果導致他下一個結論：理想的、實用的政治制度並不存在現世，也無從建立，要找部完美的憲法幾乎不可能。每國的政體常受「氣候、地理條件與歷史先例」的制約，呈現不同的面貌。比較理想的政制，常是上述六種類型的混合。他認爲理想的政制爲對受教育者開放的民主制。

亞理士多德提出政體循環論，即君主制變壞爲暴君制，暴君制轉變爲寡頭制，最後又變成暴民制，然後變成較佳的民主制，再轉化爲貴族制。最終返回原點君主制。這種政治循環論並不符合歷史事實，故爲後世所棄置不用。不過亞氏有關國家的出現，採取進化論，則頗富創意。原來，他曾說「人爲政治動物」，這句話也被譯爲「人爲社會動物」，是指天性上必然生活在「市邦」（*polis*）之中，也在市邦中成就人的本質，或實現其做人的潛能。古希臘城邦爲社群團聚之外，也是設官治理的領域。換言之，古希臘社會與國家不分。住在市邦的人民既是社會人，也是政治人。由於人有其本性的需求，最初的需求是「食色」，亦即生理上的需求，必須藉家庭來滿足，是故人的第一個社群乃是家庭。但除了生理上的需要之外，尚有互通有無，進行社交活動的需要。能夠滿足這種需要的場域爲村鎮，亦即社區、或社會。但人的需要還有更高的層次，那就是贏取別人對他的尊重，實現人性，或完整公民權的倫理要求。要使這個倫理要求得以落實，則有待市邦、國家來促成其實現。由是國家是人從家庭演變爲村鎮、再由村鎮成就爲市邦的自然演進過程。兩千年來亞氏《政治學》一直支配西洋人的政治思想，說他是西方政治學的祖師爺，絕不致言過其實。

亞氏認爲世上事物都在變化，變化是企圖實現事物本身的潛勢力，使其透過形式的改變而達到該事物的目的。是故人與動物都有其目的，也都會變化。反之，神明本身沒有目的，也不會變化，祂只能使人與動物變化，故爲「不動的推動者」（unmoved mover）。神明是純粹的思想、純粹的行動，「祂沒有物質、沒有意外事件、沒有發展（變化）」。

宇宙中的事物之所以發生變化、移動，無非在追求落實這個目標，它是眞、善、美諧和的極致。諧和是學習的目的，在這方面他算是比較接近柏拉圖思想的部分。有關這方面他演講集便被他稱爲第一或首要的哲學。但其後的哲學家卻把這些作品放在他物理學著作的後面，這遂稱爲形而上學（Metaphysics，形上學）。原來的希臘文之羅馬拼音爲*Meta ta Phisika*。

在討論倫理時，亞氏嘗試性的推理，把常識的原則加以邏輯的推理，更爲明顯。他說每個人都在追求快樂，但快樂不只存在於財富爽快之中。反之，快樂是一種和諧、一種德性，是從人的行爲中產生出來。當這種行爲、德性不違背人的本性之時，特別是人的行爲符合理性之際，他才會感受到快樂。換言之，快樂牽涉到理智對激情的控制，而非縱慾。在人生中，人們要追求理智與感情的平衡點，要懂得拿捏中道，在寡慾與縱慾中找到中點——節慾，這樣人才會獲得眞正的快樂。雖然這種說法不免沾染說教的腐儒味道，卻是眞實的、具體的、切身的、可以運行的道理。總之，人有向善的潛能，只要佐以教育，善用理性，可以使人人成就自己，也成爲快樂之士，這點相較基督教強調人的原罪，可說是更爲高明的倫理學說。

三、古希臘羅馬的科學與文藝

1. 科學觀念與現代科技的異同

在談到古希臘人的特性時，現代學者（H. D. F. Kitto 1897-1982）指出[6]：

> 此刻（本書的）讀者被要求接受下列事實合理的聲明，這是指世界的這部分（按：希臘半島）曾經在幾個世紀中接受過文明的洗禮，而且已高度文明化。在這塊土地上逐漸出現一個民族，其人數不多，其勢力並不強大，其組織鬆散，但他們卻有一個嶄新的觀念：人的生活之意義何在？首次提出觀念：人的心靈爲何操作？

古希臘人這種好疑善辯的精神是導致其科學、哲學、文藝發達的主要原因。古代的科學當然不是今日重視科學方法、講求觀察、發現、實驗、發明，甚至科技應用所稱呼的科學。但在重視數學、邏輯，特別是經驗性的觀察方面，古典的科學方法並不違離今日科學，特別是自然與生命科學的精神。

現代人使用「科學」一詞及其意義爲十九世紀歐美通行的觀念，但古希臘人則對科學與其他學科的界線或區別不加留意。凡是涉及整個宇宙、大自然、世界和人事有關的各種現象都是他們企圖要認識的對象。因之，科學不僅涉及自然科學，也包括社會科學。純粹理論的數學固然爲他們思想活動的對象，就是一般應用的技藝和社會知識，也可以看做廣義的科學。特別是宇宙論牽連到哲學和科學，更可以想像古希臘人對科學與哲學的分際並沒有瞭然於胸、特加區別。

前面提到古代思想家泰勒斯，他對宇宙的起源和本質的推論，基本上就不是用神話的詞謂，而是使用邏輯的方法加以猜測、思辨。他本身是商人，曾經旅遊至埃及學習數學，也曾去過巴比倫學習天文學。他居然能夠準確預言紀元前五八五年五月二十九日的月蝕。這種預言的兌現曾被兩世紀之後的亞理士多德譽爲「哲學」（而非「科學」）的誕生之時刻。他經常問及「世界是怎樣（靠什麼東西）造成的？」變成了科學哲學的基本問題。他的回答是「水」。這表示他用水這個簡單的、普遍的事物，來代表其他複雜的、多樣的事物，作爲世界構成的元素。這雖非科學的正確答案，卻是說明世界是合理的、可被認知的，也符合科學化繁爲簡、直尋根源、直找元素的精神。

假使數學是抽象思維的表現，是各種科學的基礎，那麼畢達哥拉斯學派對數目字、對三角形、對幾何學規則之發現與拓展則是今天西洋科技文明的開路先鋒。畢氏本人認為數目字是宇宙的祕密。因之，並非水、或是金、火、木、土才是構成世界最重要的元素。反之，正是數目字才是基本元素。對於數目所呈現的和諧狀態是數字最美的部分，特別是方（矩）形數目字，更能呈現美感。這種說法雖有神祕成分，卻符合美學原則。[7]

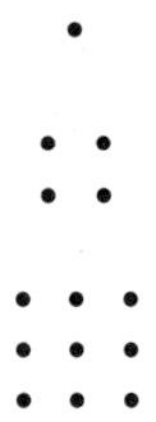

圖1.1　畢達哥拉斯學派的矩形美觀圖

資料來源：Watson 2005:130.

2. 文學、戲劇、詩詞、歷史和對話

荷馬（Homer）的史詩《伊利亞德》和《奧德賽》是古典希臘文學的瑰寶，也是整個人類文學的精品。故事中的人物並非一般庸俗的百姓人家，而是英雄和神明。不過他卻是從數百年口傳資料整理彙編而成。是故人物的言行、舉止符合人性的善惡喜悲。即便是談到神明的遭遇，並沒有刻意描繪其怪力亂神、超人的神祕之處，而是把神明的悲劇和喜

事、聰明和愚昧、愛憎和嫉妒當成人間的俗事、當成人性優弱來處理。以致海倫的美麗固然是天生的祝福，卻也成為災難的禍源。總之，荷馬不是以邏各斯（邏輯思考）來撰述其史詩，而是依靠迷索斯（神話）來描寫小說中的物的際遇，其文學上的震撼力和引人遐思的魅力使其作品千古不朽。

古希臘文學之美尤其表現在悲劇之上，當其他城邦在流行喜劇時，只有雅典文人創作了悲劇。悲劇有音樂與舞蹈搭配，更能震撼人心，不過搭配的音樂和舞蹈至今失傳，只留下悲劇的詩詞供後人欣賞。這種悲劇的詩詞在表達男女深邃的思想，特別是存在於人間與上天（人與神）無法改變的關係之上。這是人的壞運與宿命造成的人間憾事。著名的悲劇詩人有伊士紀拉斯、索霍克勒士和尤利皮士等人。以索霍克勒士的《安悌恭妮》一劇描述一家之主（女主人）安悌恭妮對彪炳有功的兄長戰死後，要以家規來安葬，卻牴觸國葬的民俗，所引發的矛盾與痛苦。這齣悲劇不但感動古代世界的讀者，就是近代德國偉大的哲學家黑格爾，每年都要擇時把這個悲劇的希臘原文重新展讀一遍，而增加他悲愴的激思。

古典的悲劇突顯人性與神性的對立、矛盾與衝突。其中不乏無知與神的傲慢針鋒相對，最後導致人的死亡。雅典圓形或半圓形劇場展露的常是人的省思、人的覺醒、人的有知帶來的神人衝突，反映古希臘哲學與科學進展後的場景。在眾多悲劇作品中，其中又以涂脊地德（Thucydides 460-400 B.C.）有關古希臘武士征戰的歷史著作，極富想像力與人性細膩的描述，可視爲最早的史學作品，而本身卻不失爲文學的傑作。

雅典戲劇所以興起應該與種植橄欖樹的普遍與收成良好有關，也就是拜受經濟的繁榮。橄欖樹要結果費時三十載，是故古代雅典人能夠瞻望與期待橄欖樹盛產年代的到來，表示他們是有前途、能遠瞻的民族。橄欖的生產不只讓本邦富裕，還運輸到其他地方販賣。從而促成裝運橄欖油裝盛器有關的手工藝之興起——陶甕業。在紀元前五三五年陶品上紅色彩繪便告興起，取代早期黑色繪畫圖像。酒神狄奧尼西（Dionysus）爲服務人類而灑血，故此紅色人形陶器就在紀念這位酒神的犧牲。農民祭拜酒神的歌舞成爲最早形式的戲劇。爲向酒神獻技，宰殺羊群有所必要。宰羊當成牲禮的儀式所唱的歌乃爲牧羊之悲歌（*Trag-odia*）就成爲悲劇的名稱，這就說明犧牲與悲劇的關連。

古希臘最卓越的文化貢獻除了哲學、科學文學、戲劇（特別是悲劇）和陶甕人物雕刻、神廟建築之外，要數歷史學的創建最爲後世所稱重。享有史學之父的名譽爲希羅多德（Herodotus 480-425 B.C.）。他出身於愛琴海邊一個詩人的世家。從小他便立志要爲希臘半島上的大小戰役詳加記述。是故雅典與斯巴達最早的戰爭，以及波斯王大流士和克塞斯一世率領大軍入侵希臘的征戰，都成爲他歷史著作的主題。他除了把歷史和神話徹底分開，俾記錄史上發生的大小事之外，其史學貢獻主要有三方面：其一，他的研究方法獨特（希臘文*historia*原意爲研讀、爲研究），他旅遊各地，參考當地保存之文獻，或訪問經歷戰事的目擊者，甚至爲了考據戰場，還赴事件發生地進行調查，他也以田野考察的方式探勘資料的來源。其二，他效法荷馬的說法，認爲任何一個戰役的勝敗敵對雙方各有說詞，各有將領、士兵、戰略、兵器，必須一一訪查比對，才能對戰事的眞相有所掌握。其三，他與荷馬和三大著名悲劇作者一樣，帶有某種程度的知識分子之傲慢（*hubris*）。他相信凡有卓越貢獻，出人頭地的英雄人物，不世之才多擁有異稟與驕傲，足以激怒神明。其結果造成神明的干預，而影響戰事的輸贏。他最後這點堅信導致他對戰役看法的偏頗，影響其結論之公正性，是美中不足的瑕疵。不過這一神明干預的信念卻引發讀者的興趣，而使其文體順暢、思路明晰，有助於其作品之廣受歡迎。

涂齊地德也是古典史學界的奇葩。他有兩大貢獻：第一，他也選擇戰事作爲史學的主題；第二，他所記錄的卻是他當代的戰役；換言之，他描繪了當代的歷史。他也相信發生在紀元前四三一至四〇一年之間雅典和斯巴達展開的二十五年之長期對抗和戰爭（即著名的伯羅奔尼薩〔Peloponnes〕之戰）是史無前例，決定古希臘人命運的重大歷史事件。他並沒有希羅多德對軼聞瑣事錙銖必較的辨識，但他卻如實地記載事情的原委，而把神明的干預擺在一邊。在戰爭的輸贏當中，涂齊地德所看到的是智慧運用的高明或差勁。其全書中出現了三百次以上*gnome*字眼，此字爲理解與判斷的意思，而書中讚美聰明的領袖和他們的決斷對戰事的影響。他遂認爲戰事的勝敗之關鍵爲近因和遠見，這兩個城邦長期戰爭的潛在因由爲斯巴達害怕雅典的大肆擴展。把近因和基本實在做一個區分，自然不把神明的意旨計算在內，也可以說是政治思想一大躍進。爲此原因涂氏被後世讚賞爲政治史的開路先鋒。

3. 捏塑、雕刻和建築

在手工藝、建築，乃至城市設計方面，古希臘文明的表現也是令人驚訝與讚嘆。前面已提及彩色繪製陶甕的塑作，早在紀元前六世紀便在愛奧多尼亞海岸流行。這除了受經濟繁榮所賜之外，也與長期和平有關。大約至紀元前四五〇年，柏克利斯時代，爲雅典贏取一段和平穩定的長期，使雅典成爲半島諸城邦的盟主，利用強大的艦隊，保護愛琴海附近水域的安全，特別是阻止波斯的入侵，而贏得盟邦的信任與朝貢，雅典成爲地中海東部最強盛的海權之國。

在長時期的穩定中，藝術和建築之實用與技術方面取得很大的進展。約在紀元前六世紀到五世紀杪，人們已懂得使用三角形的柱基和方形的壁面，以及各種款式的柱子，甚至用女性模樣來雕刻而成，用來支撐屋頂的柱子都一一發明、加以使用。這時期大批的雕刻師、技匠應運而生、各展所長。這是藝術的黃金時代，成就了雕刻界、建築界名師輩出、各擅所長。奧林匹亞的宙斯雕像、戴爾菲的銅像、阿波羅神廟、眾神廟和雅典娜（Athena）——紀念雅典女神——之廟宇紛紛從平地上出現，成爲古希臘的勝景。費地亞斯這一著名的雕刻大師，對壁飾（神廟多建在山坡上，在柱子到坡底之間的地基壁面進行浮雕，形成廟宇外觀的壯大優美）有獨特的才華。他還在廟宇裡羅列單座直立的石像。費氏的傑作——長達五百二十呎的壁飾如今在倫敦大英博物館中展示，可見其功力。他的另一傑作爲雅典女神像，有四十呎高，是以黃金和象牙鑲鍍的，卻在後世戰亂中毀失。但可能留下的仿製金幣中得知梗概。他後期還完成用黃金和象牙鑲製的宙斯神像，被譽爲古代世界七大奇蹟之一。

費地亞斯之後另一個雅典著名的雕刻家是麥隆。他的名著爲「丟鐵餅」的運動家，把裸體運動家身上的骨骼、肌肉的細膩線條顯露出來，表述了柏拉圖強調「形式」（原型、理念）之美。原來運動家的競爭充滿了宗教的氣氛，能夠將身上最美的部分以形式表達出來，無異展示神明完美的體格。這種對人體線條（特別是比賽前緊張的身軀）刻畫精細的藝術，其後爲古羅馬雕刻家所師承、所模仿。顯然運動家參賽前預備功夫的緊張時刻，對雅典人而言是一種蓄勢待發的體能狀態，也是行動前以理性控制情緒的合理表現。是故藝術，尤其是人像雕刻也要符合運動精神、節制精神。把裸女當成藝術雕刻品最精緻的表現，無過於紀元前四世紀中葉的雕刻師蒲拉克斯特列士。他大理石雕刻的新功夫，使他把女性肌膚最美麗的部分揭露出來，表現了現實主義與情色主義之特質。

前面提過陶瓷的捏造與瓶罐之上的黑色繪畫轉化爲紅色人物繪畫。阿提卡附近的陶土富有鐵質，所以有助於彩繪的進展。刀削與毛刷的使用使繪畫多彩多樣。古代地中海區域，希臘瓶罐的繪畫爲各方所稱道，繪畫的主題已由競技、婚禮擴大至葬禮和日常生活中。家具中以黏土製成之兒童樣式最爲民生所需之裝飾品。對陶瓷繪畫之描述，要屬雅典詩人克里提雅斯最爲周詳細緻。

古希臘人對藝術的要求非常嚴謹，其製成品品質之高令人讚嘆，其藝術經驗是純眞的、不容仿冒品之存在。由於神話故事爲大家耳熟能詳，同時民族識字率很低，是故雕刻品必須與時俱移，同生活每一時刻相伴，方能取信於人，爲各方所喜愛、所推重、所欣賞。希臘藝術的特徵，其一爲逼眞，因爲對自然界觀察的細緻，所以繪畫、雕刻必須反映實狀。其次刻畫細膩。以特殊技巧應用原料（木、石、銅、金、象牙）來表現事物的內涵。譬如雕刻人的衣服，不但衣服的樣子完全暴露，還能把衣服之下的骨骼、肌膚隱約展現。或許有人會強調古希臘人理智戰勝激情，因而形成過分冷靜，乃至冷漠，而將這種冷漠與後來的熱情奔放之浪漫主義做對照。這是古典主義的誤解。其實希臘人懂得「技巧」（*techne*）與智慧（*sophia*）之分。前者爲工匠、藝人表現自己的技術，後者則是音樂家、雕刻家神來之筆、靈巧之音、創意之源。

四、古希臘經典理念的變形

1. 古典主義、個人主義、社群主義

近年來研究古希臘文明的學者提出愛琴海的文化並非完全從希臘的半島、小亞細亞的海灣，以及地中海的島嶼嶄新的創造，而是受到中東巴比倫、希伯來、亞述、北非的古埃及文化的影響。這可從希臘文與其附近的古文化的語文之某些文字、字根上找到牽連的、始末的關係。不過指出古希臘文明受到美索布達米亞、或尼羅河流域的影響，並不減損希臘文化爲古典的、經典的主義（classicalism）之代表的普遍想法。古典主義代表原始的、古樸的、幾近完美的、可以長期保留的傳統之意。希臘文明被稱爲西洋古典的文明，固然

是舊羅馬帝國上自皇帝下至平民，甚至奴隸，對這個更早的文化大力推崇、四處傳頌有關，也是因爲這個文明本身的卓越與傑出有關以致之。

但在亞理士多德逝世十六年之後，雅典的時代精神卻有重大的改變，這是由於腓尼基人芝諾倡說的個人主義，遂逐漸取代了之前的社群主義。政治與倫理合而爲一的精神如今分解爲兩折。一方鼓吹爲社會、爲社群、爲國家打拼，而不再看重個人的權益、個人的特性。另一方則以個性的發揮、慾望的放縱、甚至縱慾而成爲享樂主義（hedonism）。

這種變化被英國著名的政治思想家柏林（Isaiah Berlin 1909-1997）視爲個人社會責任的解體和公共政治哲學的消失。這時人們的要求不再是上下垂直的社會階層，而是人人平等。取代專才專業的優越，變成每人都能自尋眞理，取代知識的強調，乃是每人自找平實的生活，取代政治的信持和尊重，和身外的生活，現在卻重視內心的生活和個人的修養與自足。甚至要求刻苦自勵、生活儉省。這時最高的道德，不再是公民的盡職、盡責，而在乎個人的得救解放。【8】

有異於亞理士多德所強調人出生於城邦，在城邦中成長，也在城邦中完成自我，把城邦生活當成制度性的生活，也是人無可逃脫的宿命。如今卻從芝諾鼓吹的個人主義，找到截然有別的生活方式。另一古典哲學家伊壁鳩魯（Epicurus 341-270 B.C.）居然說「人適用文明的群體生活並非源之於人性。除了人所追求的快樂之外，人生在世並無其他的目的。正義（公平）、稅賦、投票本身毫無價值可言。反之，快樂卻帶給諸個人用途和好處」。爲達到個人的快樂，自由和獨立不可或缺，接著而來的史多亞（Stoic）辯士追求無慾、戒欲（*apathia*）。其理想狀態爲消極、無所求、不沾、不染、無傷無害。芝諾勸人們要先看自己，再看前面。人們要遵守物理的法律、規律，然後才注意到習俗的規矩。對人而言，社會、群居都是阻礙、都是束縛。要獲得本身的自足，只有縱慾。因之，這派的思想家對亂交、雜交、亂倫、同性戀都不加禁止。人世的法律對「聰明人而言毫無作用」。

2. 新觀念的影響及特徵

這種思想改變的後果相當驚人。首先，人們視政治不再是倫常德行的應用；反之，卻是骯髒的勾當，不是有智慧的人與善良的百姓值得關懷和重視的事務。其次，政治與倫理分裂成絕對對立的事體，人們不再認爲公共的秩序是人生追求的目的；反之，只有個人的得救最爲首務之急。造成這一個重大改變的原因，主要的是馬其頓王菲立普（Philip II, 359-336 B.C.）及其兒子亞歷山大（Alexander the Great 356-323 B.C.）對希臘城邦的征服與破壞。帝國一旦崛起，城邦及其政治便告沒落。在帝國中，個人的自求多福，退回自身的避風港，避免爲征戰所苦，就成爲亂世爭求存活之道。

與此觀點相左的爲現代政治理想家柏林的看法。他不認爲亞歷山大摧毀了城邦及其政治。他還多創造幾個新城邦。從集體安全到個人主義的改變，柏林認爲其原因爲紀元前五世紀詭辯學家安提豐與狄奧格尼斯所倡說的。這兩位早期思想家反對城邦生活，所持的理念爲自由：「自由使人快樂」。只有每人懂得建構自己的生活，他才會滿足其內心深刻的需要。懂得順應自然的要求，快樂與尊嚴才會獲致，而俗世的典章制度不過是人爲的、人造的安排，常是違背自然、悖離人性。這些都是塞普路斯與巴比倫的流行思想，而這兩位思想家正出身於外地。換言之，史多亞派的哲學家無一爲希臘人，更不要說是雅典人。

不管這個新思想的源頭來自何處（希臘或外地），它包含了五個基本元素，值得吾人矚目：其一，政治和倫理分家。新觀念指出人性的單一不再是群體（家庭、林落、城邦），而是每個個人。個人的需要、目的、解決的方法，其命運最關重要。其二，眞正的生活不是外頭浮表的生活，而是每個人的內心生活，外頭的生活千變萬化可以暫時獲得，但終久必失掉。其三，倫理不是群體的道德，而是個人的操行。一個人自己靠私自的努力才會指向新的價値，這個新價値是個人現時刻生活的自由之理念。這個理念與生活的界線不容國家來規定、來限制。其四，政治是退化的、墮落的，不値得眞才聰明之士去牽涉、去染污。其五，人類有共同命運的看法同每一個人都像孤島一般地散處在人海中，是兩種不同的基本看法，而這個對立的看法正在分化中，且對立面愈來愈大。[9]

◆註釋◆

〔1〕 Burn, A. R. 1966, *The Penguin History of Greece*, London: Penguin, pp.119-121. 此為Peter Jones之言，引自Burn前揭書。

〔2〕 Schrödinger, Erwin 1996, *Nature and the Greeks and Science and Humanism*, Cambridge: Cambridge University Press.

〔3〕 希臘文*logos*不只有「邏輯」的意涵，還指涉宗教意涵的「道」、「話語」的層面，與*rhema*不同，*logos*並未包含在人心迴響，持續展現能力，成為經歷的成分。

〔4〕 Verdross, Alfred 1958, *Abendländische Rechtsphilosophie*, Wien:Springer-Verlag.

〔5〕 Sabine, George H. and Thomas L. Thorson 1973 *A History of Political Theory*, Hinsdale, IL: Dryden Press.

〔6〕 Kitto, H. D. F. 1961 *The Greeks, London: Penguim*, 引自 Watson P. *ibid.*, p.123.

〔7〕 Watson, Peter 2005 *Ideas, A History of Thought and Invention, from Fire to Freud*, New York *et al.*, Harper Perennial.

〔8〕 Berlin, Isaiah 2002 *Liberty* (ed. Henry Hardy), Oxford: Oxford University Press, pp.302-303.

〔9〕 Watson, *op.cit.*, p.147.

第二章 古羅馬的文明文藝復興和啓蒙運動

一、古羅馬的拉丁文字、法律、識字率和人文教育

1. 古典作品與拉丁文著作

今日人們一談到古典作品（classics）時會想到古希臘與古羅馬的文獻、書籍、作品等物。但古典作品卻是羅馬人發明的字眼，用以描述值得保存、可以圖利的精品。不過希臘人和羅馬人對「古典作品」卻有看法上的歧異。希臘人對理念採取遊戲、玩弄的態度，著眼於人與神關係的好壞。反之，羅馬人比較注重人與人之間的關係，而著眼於「功利」（*utilitas*），也就是理念的效用，理念應用於人事方面的好處。是故希臘文重視美麗，而拉丁文則強調性格。羅馬的文字，像味吉爾、霍拉齊、歐威德、馬夾爾、朱維納之詩詞；阿普留的小說；特陵西、西內嘉和普勞圖的戲劇、西塞羅、沙陸斯、普利尼和塔齊圖斯的歷史，比起希臘文人的作品並不遜色。可是這些文學作品除了可讀性與享受性比較高之外，不像古希臘文學包攝的更新、創新的知識味道。

2. 共和政治和法律

對日常生活中人際關係的安排和規定，就令人想到古羅馬人制度上的兩大貢獻：共

和與法律。由於古羅馬帝國幅員遼闊、人口眾多、種族複雜，是故希臘式的直接民主（抽籤或選舉）難以推行，代議制度遂告產生，這就是共和或共和政治（republicanism）。直接民主在今日或僅存於瑞士的各邦（canton）中，而少爲世人所模仿。反之，代議民主則從十八世紀以降成爲舉世新興民族國家的主流。在古羅馬政治受著參議院的議決，執政官的執行，同意權則持在「皇權」（*imperium*）手中。皇權在古代可能由君王掌攝，其後由主政的貴族，乃至執行行政權的執政者以命令方式頒布政策。其最先的意思爲掌權者有發布戰爭的大權，俾屬下各機關、各將領服從、接受，特別是用以排斥羅馬近鄰的反對、異議。此一大權包含羅馬對鄰國侵略、征服的意味甚濃。

羅馬的共和制肇始於紀元前五一〇或五〇九年，當其國王遭驅逐，而改以民選官員執行政府大權之際。國務員或執政官之任期初爲一年。最先有兩名擁有相等的「皇權」者擔任執政官職位，以免獨攬大權、形成獨裁。在任期將屆的時候，執政官要向參議院報告其任內之所爲。一旦進行征服之戰，需要軍事行動統一，則執政官可以限定爲一人，否則在平時爲兩名執政官，其一負責軍事，另一負責民事。參議院本來的構想爲年高德劭的耆老（*senes*）組成的決策機關，故亦稱爲元老院。

前面提到「皇權」本是國王在取得神明許可下代替人民行使政權的最高權力。隨著國王遭廢黜與驅逐，執政官變成皇權的行使者，稍後執政官分成兩類，一類擁有皇權，一類不擁有此權。擁有皇權的執政官與參議員在紀元前三六六年受制於新興的另類執政官（稱爲掠奪者）之篡奪。不再擁有皇權的執政官（或參議員）負責調查或財政，還有負責庶務以及城市街道、水道、城牆修繕、監視人群行爲守法與否之類的工作。

古羅馬帝國幅員廣闊，東西距離長達五千一百公里，南北則長達三千公里，境內人口眾多。在第一位稱帝的奧古斯都（Augustus 63 B.C.-14 A.D.）時代，單單羅馬城就有一百萬人口。爲了治理廣土眾民的帝國，複雜的代議民主乃有必要。除了執政官這一機制之外，尚有四項組織：包括各地諮議會、參議院（成員最初從選舉形成，其後被任命爲終身職；人數約爲五百名，爲古羅馬帝國持續發揮諮議和立法的機關）。[1]

3. 羅馬法

有異於古希臘缺乏明文的法條或系統性的法律哲學，古羅馬最傲人的成就，便是羅馬法的制定、頒布和施行。法國年鑑學派甚至指出歐洲從十二世紀以後成爲世界最重要文明發源地，也成爲世界強權的核心，係得力於歐洲各國採取羅馬法的傳統，爲各國法律的共同遺產。

羅馬法的先驅爲紀元前四五一至四五〇年頒布的「十二銅板法」。就像摩西頒布上帝的典章誡命一樣，「十二銅板」法規詳列法律程序與處罰準則。西塞羅在年幼時便被教育要背誦這些律則。熟諳法條者有機會成爲辯護士和法官。後者不僅聽訟、進行訴訟、定讞，還把其判詞變成文字，或用以批駁參議院的過問、或反擊帝王誥諭之干預，成爲法律養成所（法學院）的開路先鋒。

羅馬法保留最完整的無過於紀元後一五〇年蓋尤斯（Gaius 130-180）所編撰的《制度》（*Institutes*）。這成爲羅馬法長期的教科書。此書不僅記錄各時的特殊法律（*leges*），也載錄了參議院的法律、皇帝的決策、法界的意見和增生的新律令。這些法律條規對古羅馬帝國管轄下的人民一體通用。

羅馬法的根基在於不同地位與身分的分辨。這與現代法律頗爲不同。今天西方法律不因人的貧富、男女、種族有不同的待遇。羅馬法卻分辨自由人與奴隸之不同、成年人與非常年人（包括婦女作爲父親或丈夫的財產之一）的分別。例如對女性的侵犯（*imuira*）和對她的丈夫（如果她已結婚的話）的傷害便有所差異。

身分和尊嚴（*dignitas*）最明顯的表達無過於作爲父親的人之法律權力。羅馬時代爲人父親者擁有絕對的權力，可以主宰家人的生死，這就是拉丁文*Paterfamilia*的意涵。一家之主的父親如果在世，家庭中的其他成員有關金錢的支配或契約的簽訂都無法律效力。成年男孩要擁有財產必須要老爸保證才行，其同意權隨時可以撤回。父親尚在世，兒子不得繼承、不得預立遺囑。

夫妻間的法律關係也不簡單。羅馬人要求男子緊緊控制其妻孥。不過結婚卻有三種形式。最普通者依古禮舉行婚禮，其次又分成兩種，第一個形式是男女在十個證人之前持麥餅合祭神明。第二個形式爲父親「賣出」女兒給男方，僅需五人爲證。女方之財產歸男方所有。後面這兩種情況都說明女方的父親把支配權力轉移到男方手中。第三種形式則爲依習俗，也就是男女同居一年之後，女方自動接受男方的控制。不過這一年中只要男女有三夜分開居住，其婚姻便告無效。由是看出古羅馬婚姻生活中，結婚和離婚的頻繁有其原因。

羅馬法律對百姓的照顧可以從法律（契約）制定程序之不當而告失效一點來看出。皇帝的裁決不致影響庶民之間的法律爭端。由此顯示法律的效力高於皇帝的旨意。這是民間（公民、文明）社會進步的一大標誌。

羅馬法的高峰爲查士丁尼（Justinian the Great 527-565 A.D.）所編撰的法典。它成爲其後歐洲各國立法、制法的典範。這個查士丁尼法典包含了「制度」、基本的法律原則、

「精要」（*Digest*）、法學著作集、法典、皇帝詔令和查士丁尼欽定的新法條。這部大法典把羅馬歷代法律觀念之變遷法律思想之趨向圓熟做了最好的紀錄。其中最寶貴的爲《民事法典大全》（*Corpus iuris civilis*），把有關民事行政、教會權利與特權之相關法條作周全的彙編。查士丁尼法典對於帝國東部（拜占庭）影響尤大。直至二十世紀，羅馬法在西歐重新被詮釋與應用，其對法學之貢獻與影響尤其卓著。[2]

4. 人文教育和拉丁文

古羅馬人最懂得組織教育（設立各種各樣、不同等級的學校），推動教育，讓教育成爲文化的載具之民族。不只公私學校林立，連圖書館（全盛時期羅馬有二十九座圖書館）、書籍和劇院、藝術品展示中心、藝術買賣中心紛紛設立。教育發達的利器爲文字和對文字的掌握（識字率）。因之，羅馬社會菁英都派送子弟進入學校，俾有朝一日成爲國家的官吏，掌控帝國的行政。小孩七歲至十一歲要學習艱深的拉丁文。拉丁文不但成爲教會的溝通工具，更是傳播福音不可或缺者。不只教會，就是行政、外交、軍事、學術，都大大使用拉丁文，讓它成爲當時普世的溝通語文（*lingua franca*），有如後來的法文與英文所扮演的角色。懂得希臘文和拉丁文成爲文明人、知識人的必備條件。「拉丁文教授

〔人們〕心靈活潑，帶來適當的美感，教導歷代學童勤奮學習，慣輸給他們鍥而不捨的精神和注意力」。[3]拉丁精神（Latinity），亦即拉丁文化代表一種「秩序、清晰、俐落、精準、簡潔。與此相對照，普通語文沒有秩序、不連貫、不細膩、很粗糙」。[4]

拉丁文發展的最高峰，也就是這語文的黃金時代，乃爲奧古斯都大帝之時。當時西塞羅（Cicero 106-43 B.C.）的散文、味吉爾的詩篇都稱頌一時。其後這一語文的應用經歷了興衰之期，但仍爲當年歐洲主要的語文，與印度的梵文有很多的字根相似之處，以致語言史的學者提出印歐文同源的主張，認爲後來的西洋語文，包括古希臘文、拉丁文、義大利文、西爾克文都有相同的源頭，都有其「母語」，乃至「祖語」。羅馬帝國在公元五世紀之後各地紛紛流行說各地的方言，拉丁語成爲學術、外交和教會的通用溝通工具。這種情況存在到歐洲第十七世紀，有些地區更流行到其後的一兩個世紀。由於作家所受地域、習俗、文化的影響不同，其拉丁文著作也逐漸與民間通常使用的拉丁語有所分離、有所變化。

拉丁文成爲教會的語文是一種轉折。基督教最先興盛於地中海東部，使用希臘語的教士之間（早期主教皆爲講希臘話的人），這包括新約的作者與教師在內。其說話爲「普通的希臘話」（*koine*）。在羅馬早期基督教與皈依的信眾只能說拉丁語，這種拉丁語有異於西塞羅貴族型的語文，而當時的貴族爲異教徒（不信基督教者）。不過這種情勢最終也要發生變化。當羅馬帝國衰敗之時，教會取代帝國執行許多事務，於是基督教教會決定採用拉丁文作爲其語文。這可從聖奧古斯丁（St. Augustine 354-430）在公元四〇〇年之後改信基督教所寫的《懺悔錄》之拉丁文看出。其中充滿了細膩的、後悔的言詞與語調。而使拉丁文在基督（天主）教會地位鞏固的無過於聖傑羅美（St. Jerome 340-420）的《聖經》譯本（在紀元三八〇至四〇四年之間），這部拉丁文《聖經》整合了古典傳統，包括諷刺故事、傳記在內，變成其後數世紀標準之作。

5. 識字率

古羅馬的文化散播四方，與一般民眾識字率的偏高有關。根據記載羅馬的普通士兵大多能夠書寫家信與家人聯絡。是故識字者不限於王公、貴族和政治家。不過由於古羅馬人沒有留下眼鏡，沒有留下印刷的宣傳品，沒有時間表，沒有聖經的廣爲流傳。因之，過份強調羅馬人的識字率不免有誇張之嫌。當然比起古雅典只有百分之五的人口懂得閱讀來說，古羅馬人有多達百分之十的識字率，算是對文字掌握的一大躍進。識字率的作用古今不同，早期的人記憶力特佳，能夠背誦大量經典、傳說，一人知書達禮，又能閱讀，便可嘉惠其身邊的一群民眾。這些身邊的人只要聆聽有識之士的複誦，也算是屬於「識字」者之列。

在印刷術未發明與輸入之前，古羅馬的文字要靠書卷。每部書卷使用的紙張、油墨、人工（抄錄）花費頗大，亦即經濟財力負擔大小決定書卷之複製與流通的程度，從而降低了識字率的的提高。由於書卷的內容涉及的只有少數論政或哲學問題的檢討，而大部分則教授開墾、經商、會計和書畫、派送之類的世俗實用之事，所以這種的識字本事也可以稱爲「藝匠的識字術」。後來契約的簽訂、債務的紀錄，甚至投票的簽字，都與識字率的提高有關。

今日西方人所稱呼的「學者」（scholar）或「學術活動」（scholarship）源自羅馬時代對古籍（希臘的古典著作）進行邊註、批評的人。是從「邊註」（*scholia*）一詞轉變而成。有關邊註所透露的批評與評論之活動最先開始於北非亞歷山大城的圖書館工作者，是對書卷的詮釋與批評。由於書卷不易翻閱，又必須書寫單面，故作者、閱讀人必須博聞強記，引用他人的著作必須精確無誤。因之，整理與撰寫邊註的學者遂應運而生。加上亞歷山大港圖書館的管理員企圖把希臘文獻整理成一部完全的作品，必先把各地送來的拷貝之異同進行篩選、比對、存廢，所以大量聘請飽學之士前往協助，而且在邊註上做了大量的符號，指引讀者相互指涉參考。

古羅馬學者心目中的人文教育是教育貴族子弟知書達禮的文化養成之道。首先書明這種藝文教育的科目者爲瓦羅（Varro 116年開始）。他出版一部《九卷的諸科目》（*Nine Books of Disciplines*），勾勒出九種科目：文法、修辭、邏輯、算數、幾何、天文、樂理、醫學和建築。後來的學者把後面醫學和建築省掉，留下七種藝事。在第一世紀末期羅馬的教育趨向一致化、標準化。上述七種藝事或人文教育之核心科目則被確認下來。不過這七種科目卻分成兩截，其一爲基礎學科，包括文法、修辭和辯證法；其二爲進一步升級的科目，包括算數、音樂、幾何和天文。

對羅馬人識字率與學術影響至深者爲紀元第二世紀與第四世紀開始的版書（codex）取代書卷（scroll）的作法。所謂版書是把寫滿版面的書頁（紙質、羊皮、木板等）依序用細繩或夾子串連好，成爲厚厚的書本，其使用比書卷展開方便許多。

二、文藝復興與人文重現

1. 地中海的文明之產生與歐洲勢力的崛起

羅馬帝國的中期在基督教會與皇權結合之下，一度造成歐洲的「黑暗世紀」（Dark Age），但從紀元一千至一千五百年之間，被阿拉伯學人視爲愚蠢、頑固、蠻橫的西方人，卻重新振作起來，且有重大的躍進與突破。

法國年鑑學派的布勞岱（Fernand Braudel 1902-1985）強調飲食營養（米、玉蜀黍、大麥、小麥等）對人（體、智）力的發展乃至地區的文化發展攸關。歐洲在世界版圖上崛起的原因有幾種，第一面積小，第二糧食（大小麥、玉蜀黍）有效帶給歐洲人活力，第三氣候嚴峻。歐洲人活力的空間大部分限於室內，以致有時間對家中進行布置與家具的製作，從而把工具改善、精緻化。在寒冷與陰雨的氣候下，在外頭勞作不易，勞動成爲價格高的生產因素，爲此設計如何節省勞力的機器成爲急務，導致科學革命，最終造成產業革命。

談到地中海對歐洲強盛的貢獻，布勞岱指出，在地質學上地中海是古老的內陸海，但平均水深超過其他海洋，靠陸的海棚也是水深而不利於水產的打撈、捕捉，迫使近海住民發展航海、外貿。此外，高山與海岸之間距離之短，導致山居村民把技術帶給濱海住民。而移民不但帶來技術，更帶來新的觀念。再者，地中海有其特徵，非其他內陸海可以相提並論、或媲美。其一，這一海域爲東西走向，便利舟船穿梭運行；其二，由於島嶼林立，加上地形特殊，造成地中海分成不同海域，像愛琴海、亞得里亞海、愛奧尼亞海等等，對航海的朝發夕至有很大的便利；第三，半島也多造成居民地域觀念與民族主義，而激發彼此競爭；其四，地中海以北之阿爾卑斯山脈爲三大河（萊茵河、多瑙河、隆河兼塞內河）之源，使居民溯河而上，而進入歐洲核心區域；其五，海洋河流便利交通之外，又造成歐洲人（特別是羅馬人）拓建大小公路，把河流織串成交通網，而便利歐洲人貨物、觀念的流通。

顯然布勞岱的說詞大體不錯，儘管西班牙是例外（境內諸民族分布，與歐洲核心無流通）。他的中心論點爲地理決定了物資、城市（市場）的興起和商務路線的星羅棋布。這種說法只能解釋文明崛起所必備的地理條件，但對於歐洲文明加速發展的因由，尤其是科學與資本主義興起的原因，以及在這個時期中特別的茁壯，卻得另尋源起與因由。

有學者指出歐洲迅速的崛起是在第八世紀國際香料貿易恢復其盛況之後，也有人指出是在第十世紀以後，歐洲各地交往頻繁，特別是十四世紀初歐洲與中國的接觸。當時歐洲並無主宰整個大陸的強權，也與後來兩極、三極對峙的世界體系相反，使歐洲追求其目標，而長期掌握對舊大陸的主宰地位。在一二五〇年至一三五〇年的一百年間世界史面臨轉變的關鍵時代，也就是中東，成爲東西兩個世界的權力平衡點。這種論述與布勞岱的歷史發展必然論針鋒相對，不認爲地理條件對西方人、歐洲人偏好，而不利於東方人、印度人、中國人。成吉思汗雖然大力避免東西通路的零碎化，但其後十四世紀中葉（1348-1351）的黑死病因蒙古西征而傳入歐洲，使得東西貿易海路的沿岸城市遭殃。但也造成歐洲各地風俗、習慣的改變、交易條件的變化。像英國本來爲孤懸於大西洋的群島，被視爲歐陸的邊陲。但在黑死病大瘟疫過後，英國積極介入歐陸事務。在十三世紀末義大利城邦的平底槳帆船常航行於大西洋之上，導致葡萄牙人跨越大西洋而「發現」西印度群島。

2. 文藝復興

在西元一三五〇年至一六〇〇年的這兩百五十年當中，一般稱爲文藝復興時期。在這段時期中，思想、藝術、文化的再生與重新估計，成爲史無前例的盛事。瑞士史學家布爾卡特（Jakob Burckhardt 1818-1897）認爲文藝復興對歐洲從中世紀轉向現代具有「轉變的重要性」，它成爲歐洲文化春汎時期，古典的文學和視覺藝術得到再生的活力。今天文藝復興的重要性不只在個人主義、人本主義、世俗主義的勃興，也導致現代物質主義、資本主義、擴張主義的抬頭。是故它不只涉及文化，也與經濟的問題相互關連。

一般談到文藝復興都會強調十四與十五世紀的義大利，事實上有人主張更早十二世紀的文藝復興時代，而可以擴大到卡珞琳、奧托尼、盎格魯·薩克遜和克爾特—日耳曼式的文藝復興。更何況義大利的文藝復興是「突變」型的，而非「進化」型，更說明十四與十五世紀的文藝復興之特徵。

導致文藝復興的因素基本上離不開經濟的進步，包括科學和技術。在技術上由於從中國輸入指南針和火藥，機器時鐘的製造，改變人對工作的態度與生活的節奏。此外，民族主義的興起，印刷術從中國的輸入使知識的普及化得到飛躍的助力，學問不再成爲天主教會壟斷之物。加之，沉默的閱讀（而非叫囂的對話）促成讀者的省思，也幫忙個人內心世界的整建，而放棄傳統的、公共的、外在的觀念之薰染。個人在擺脫集體思想控制下，各種反叛、異端、奇想、創意和個體性得以成長與發揮。

中世紀教會神權大張，天主教徒參與教會彌撒和聖餐，禮拜活動較前爲多，但也產生了異端奇想，甚至懷疑神明的存在。特別是黑死病的流行，使信眾悲觀，而發展私下信仰的念頭。同時教會老僧侶（神父）的病亡，需要新手的接替。年輕的教會主持人比起老神父學問與德行都不足，而動搖了教會的權威，這等於也削減了封建秩序的控制力，而便利新觀念、新秩序的建立。

文藝復興肇始於義大利是有其原因的。由於義大利城邦多，但每邦人口數不大，它們容易維持小國的獨立係由於教會與羅馬教皇之間的奪權衝突。沒有閒情逸致去干涉其他城邦的政局，也便利城邦的獨立與自主。其次，義大利爲狹長的半島地理形狀，山脈與丘陵多，平原少，不利於耕種。爲求生存，義大利人尋求航海與經商，另一部分則致力工商的發展，政治和地理的因素促成城鎮的崛起。在十四世紀初義大利半島多達二十三個城市（每城至少兩萬人）。義大利的商人靠地利之便，有比其他國家或地區的商人更爲豐富的商貿經驗。

自十二世紀開始義大利的教育制度有了重大的改變，過去一對一的師徒教學（都在修道院中），今改爲教區學校制，成爲少數教師面對成群學生，以教科書爲本的公校制度。由於義大利半島上政治的、經濟區域的分割，對立有使義大利分崩離析之虞，如今教育制度的一致化，可使瀕於分裂的義大利重歸統一，進一步也造成文藝復興的榮景。在十三世紀初，人文主義的教育方式發展成特殊的教育路線，有異同代其他國度的教育方式。自此之後，義大利政界、學界、藝界的菁英，都在精通古典的拉丁文之後，發展普通話——義大利文。要之，他們擁有共同的修辭知識，而把學校中學習而得的道德態度、生活楷模做了現實的應用。由是可見人文思想的教育科目、教育學程把文藝復興統一起來，使它成爲破天荒、新時代的文化成就和歷史新猷。

所謂人文思想、人文學科便從這種尊重人、自由人，甚至貴族的人性、人的價值觀上發展出來。同時人文思想特重人的啓蒙、啓迪和教化，亦即特重教育，是故「人情」、「人性」（*humanitas*）與「開化」、「教化」（*paideia*）並重，就發展了其後的人文學科。[5]

十五世紀義大利學校的課程科目（學程）已有所改變，詩詞和文字、道德訓誡和記誦直截之類被取消，取而代之的是一般文法、修辭學、詩詞分析以及近代著名作者的文章。西塞羅的書信被當成拉丁散文的楷模，要求學生熟讀。在一四五〇年北與中義大利的學校（市立學校、獨立學校、商科學校）大部分都在進行「人文研讀」（*studia humanitatis*）。教育集中在讀寫與書信的撰寫。拉丁文不但沒有桎梏孩童的思想，讓他們的創意受損；反之，學生熱愛拉丁文以及喜歡這一文字所展現的拉丁文明。

商校教的數學、算數、幾何以及商務要訣有助於學童的析辨能力，馬基維利（Nicoló Machiavelli 1469-1527）一度進入商校學習長達二十二個月之久。文藝復興時代想像力的爆發顯然是拜受商業繁榮之賜，但十四、十五與十六世紀義大利學童學習數目字、商業管理這些人文與商務的教育，卻也是造成這一時期思想突破道統、創意推翻庸碌的主要原因。

3. 商業的發達與資本主義的出現

在義大利諸城市中尤以佛羅倫斯的發展令人側目，在文藝復興初期該城市雖只有九萬五千人，但工藝與金融業卻特別發達。北義大利的商業，甚至工業革命都從此城市發展，其影響力之大，不亞於四百年後英國的產業革命。所謂的商業革命就是取代傳統、幼稚的追求，佛羅倫斯人以便利的、計算的、理性的、長程的方式來追取錢財的累積。收入與支出對比的簿記記載法便由此誕生。不但簿記，就是海事保險也應運而生。帳簿、記載、通訊等紙上工作跟著流行起來。這些現象配合資本的累積、信貸的通行，管理財產與擁有財產的分離，都標誌資本主義的崛起。

最可以顯示資本主義興起的象徵無疑地是佛羅倫斯的銀行紛紛設立。著名銀行家及其家族不只在本地擁有銀行，甚至遠達倫敦、布魯格（比利時）、巴黎也有其分行，其業務涵蓋設帳、匯兌、轉帳、孳息與超貸。其主顧多為歐洲人，人數少、財富多、奢侈成習，浪費裝闊的王公貴族。可以這麼說，富裕揮霍的貴族菁英成爲文藝復興的創造者，或至少爲推波助瀾者。

由於商務發達、財富累積，很快社會便呈現貧富的差距，這種人群的地位差別，已不由出生來決定，而是由後天的機遇、勤惰來造成。這些爆發戶常模仿貴族、地主、營造富麗堂皇的宮殿豪宅。於是「貴族的勇敢與布爾喬亞的精明」遂混合成新的社會價值、新的道德精神。從這個嶄新的企業精神，使部分戰爭與部分營商的作法鎔鑄成海上商貿，從而使掠奪式、冒險式、投機式，但又深思遠慮形的商業革命得以誕生。

貴族與商人的精神合一也促成城市新菁英的出現。後者知書好學、接受教育、善用理智，創造商業的新秩序，也就是所謂的簿記制度，在每一頁帳簿上分成兩欄，目的在顯示收入與支出的詳細項目與數字，而結算盈虧。除簿記方式以外，機械性的時鐘，與印度人發明，阿拉伯人改善的數字（這與今日的阿拉伯文數字有相當差異）也廣爲流通與應用。但這個社會還不能稱爲商業社會，而是手工藝的社會，知識活動在職業和專業的目的上大體上扮演有限的功能，主要的在迎合世俗化世界的社會需求。在心理上城市菁英崇尚「德性」（*virtù*）。所謂德性是在傳統宗教（天主教）之上、之外，倚賴自己、依靠本身，而有別於古希臘英雄（亦神亦人）那樣對命運的深信。對當時的菁英們，諸個人們以發展依靠自己力量的念頭，意識到本身的智性所轉化的能力遠遠優越於傳統的信仰之上。對時間與金錢的支配與運用是個人卓越超眾的不二法門。生活的步伐不斷加快中。時鐘的運轉不是人清醒有意識的那段時間而已，幾乎每日二十四小時，每小時六十分，每分六十秒都在不停地運轉、不停支配、不停地運用。

有學者指出在佛羅倫斯的財富驟增的同時，知識文化也迸發飛揚，這是得力於財富的製造者、語文和知識的發揚者來自同一個家族的緣故。特別是貴族家庭的聯姻、緊密連結，使他們不只是藝文的寵愛者、保護人、好主顧，更是生意場上、金融業中長袖善舞者。「幾乎每一著名的家族都會擁有一名律師、一名神職工作者、一名文藝作者……梅迪齊本人爲銀行家、政治家、學者，也是一大堆人文學者、藝術家和有知識的僧侶的朋友」。[6]

這些有名望的家族不只眷顧、購存教會的藝術精品，也認養城市建築，或致力於世俗公共藝術品的保護與照顧。藝術家不僅注重藝術品製作、維修之技巧，尚因主體感透視法（perspective）、解剖學、光線學（視覺學）、古典藝術史之精通，而對完成之作品尊重與保存。這時藝術家本身的地位大爲抬高。過去中世紀裡容許抄襲、模仿，而此時則鼓勵創作。「天才」這個對藝術家禮讚的概念跟著產生，過去僧侶以超塵孤立、不夾世俗被稱讚爲「天才」的美德。如今則以擁有「房屋、財產和美酒」爲個人的成就。換言之，以人爲中心的、離開神明控制的人本主義逐漸取代神明的安排，現世實踐的經驗變成比宗教神明的攝理更受推崇。

三、人本主義的興盛

1. 裴特拉克恢復柏拉圖的思想

文藝復興時代第一位人本主義者裴特拉克（Francesco Peterarca 1304-1374）是最早把中世紀視爲「黑暗世紀」的思想家，在長夜黑暗散盡之後，人們迎接晨曦的光明。這種純粹而古老的光明，可使人們加倍學習繆斯（文藝女神）的禮讚。裴氏有異於聖多瑪把亞理士多德的學說與基督神學結合，完全以古希臘人對歷史、哲學和文藝的早期文明之成就加以推崇，並企圖對這個「散熱發光」的楷模本身加以探究，他等於爲歐洲人施行希臘古典的再教育。他雖然相信基督教神化的思想，卻認爲思想與生活並不是片面化、單元化，而是認爲在基督教眞理出現之前，人對生活最高的形式，就是希臘人的生活之道，這部分值得人們再度發掘、重溫、學習。雖然東羅馬帝國首都君士坦丁堡陷入土耳其人之手（一四五三年）迫使大量學者疏散、流亡，但他們返回羅馬與西歐，故此歐洲人應慶幸能夠重溫希臘文明的古夢。

除了回到古希臘哲學家的看法、想法之外，裴氏又恢復柏拉圖學派的傳統，使其後柏拉圖的作品在義大利和西歐發光發熱。亞理士多德的學說有利於士林哲學（Scholastic Philosophy）之傳布，但柏拉圖的觀念則爲人文學者提供如何適應變遷中之世界。柏拉圖指出人的心靈與神明相似，也是取自神明的意像，是神明眞知灼見的變形（扭曲、不實的反應）。美麗的概念是追求最終的實在之必經途徑，比起邏輯和教條來，想像和慧見更能獲取神聖之物的本質。柏拉圖這種說詞，對感受大增的歐洲（特別是義大利）人加強了吸引力。由於柏拉圖文體流利，感性充沛，比起亞理士多德的註釋瑣碎，對文藝復興時期的文人有敏銳其感覺的作用，而這些都歸功於裴特拉克之努力。

這些學者恢復柏拉圖的學說和新柏拉圖主義代表一種與基督教精神不同的思維潮流。基督教的教義在表達神明對宇宙、對世界最終的改造目標。這點用柏拉圖及其學派的眼光來加以審視，則會懷疑是否眞實，這種宗教說法是否爲深刻的眞理。至少懷疑是眞理唯一的表述方法。爲此目的，除了古希臘古典作品成爲研究的核心之外，義大利人文學者也涉及古埃及、美索布達米亞、瑣羅阿斯多德，以及希伯來的神學秘宗等等學問。這與柏拉圖學派主張世界萬事萬物都沾有神的性質似乎相互契通。要解開世界祕密，就要了解事物的原型、形式、理念、數目、幾何等學問。要之，柏拉圖所教授的便是以美學的觀點來理解世界。在相信柏拉圖的觀念論下，文藝復興時代遂特重藝術和珍視藝術家。

當中世紀神學思想的控制力逐漸消失之後，現世的、實用的觀念慢慢浮現。由是看出信仰與知識兩種勢力在人們心靈中消長的情形。個人在現世的經驗比人死後上天堂的期待更具吸引力。現世的實際生活造成人群對世界事務的關懷，不再把現世當作邁向來生的過路站或墊腳石。西洋歷史上三樁事物更能觸動人群的神經，使其更具敏感度，計爲文藝復興時代由來生的盼望轉向現世的肯定，其他兩項分別爲紀元前七世紀初的一神論，其三爲十九世紀中葉達爾文的進化論。[7]文藝復興既然受到財富增加的刺激，又重視人本精神，最終又發展美學方面的繪畫、雕刻、文藝作品（但丁〔Dante Alighieri 1265-1321〕的《神曲》），可以說是熔冶資本主義、人本主義和美學思想於一爐的歷史的大改變、大突破，是故被譽爲石破天驚的新時代、新紀元絕不爲過。

2. 荷蘭的衣拉士穆之人本主義

所謂的人本主義（humanism）、人文思想（human tarianism）和人文學、人性要求（humanities）都有其相關相通之處，都是在討論人性與神性的異同中，強調人在宇宙與自然中地位的重要，並且主張以詩詞、以藝術來表現人的個性、人的特色。在很廣大的意義下，並非把古希臘、古羅馬的科學重新發現、重新張揚，而是把異教徒、非基督徒（pagans）的價值重建，俾希臘人與羅馬人的世俗看法再獲尊重，原因是古希臘人與古羅馬人向來把人當成宇宙萬事萬物的衡量標準（「以人爲準繩」）。提出重新尊重人的現世價值者爲裴特拉克，他有感於聖奧古斯丁把世界分成現世（「地土之國」）與上天（「神聖之國」）兩大截然相對、完全不同的領域，會導致教會和基督思想勢力的過度膨脹。其結果，古希臘、古羅馬哲人追求現世的快樂與和諧之遺訓淪失，取而代之的變成在現世受苦受難，只有在來生才可以獲取生命的救贖與靈魂的不朽。

荷蘭人本主義者衣拉士穆（Desiderius Erasmus 1467-1536）也具有同感。他認爲儘管《聖經》的權威至高無上，但很多非基督徒，像蘇格拉底與西塞羅，其言行、其著作有如上帝神明的授意，而充滿神聖、崇高的情懷，令人感受有必要稱兩人爲聖蘇格拉底與聖西塞羅。衣拉士穆一度赴巴黎求學，發現這個他心目中崇高的學府卻淪爲士林哲學家教條與瑣碎爭議的所在。他改往英國，遇見托瑪斯、莫爾（Thomas More 1478-1535）等大學者，以及英國的人本主義者，使他眼界大開，懷疑精神昂揚。在他的作品中，古希臘哲學家蘇格拉底、柏拉圖、亞理士多德的哲學得到最正面的評價。就是古羅馬的西塞羅的散文、演講集也發光發熱。對衣氏而言，這些古典的著作不但是知識的泉淵，也是快樂的源頭。衣氏倡導寬容，特別是各種宗教之間的寬容。

人本主義另一大貢獻爲提倡教育，不只古典的、基督教的教育，也把異教徒的語言和文學列入教育的學程中。這也是衣拉士穆努力的一部分。他主張人文教育在推廣至整個歐洲（先從義大利做起，及於巴黎，而抵達英倫）。大學的人文教育強調對講學的自由，促成數學、醫學、天文學之發達。

四、啓蒙運動與思想解放

1. 激進的啓蒙運動與斯賓諾莎

經歷了文藝復興宗教改革、新大陸與新航線的發現，英國的光榮革命、工業革命在英國爆發，歐洲又進入一個嶄新的時代，這就是繼理性時代，進入實證時代的的過渡期之十七與十八世紀。在思想上先有霍布士（Thomas Hobbes 1588-1679）的社會契約論，對政府出現、國家的誕生做了說明。他認爲眾人害怕猝死與安全無所保障，遂把個人互相爭執、廝殺的大權交給一個絕對的君主，從而結束了混亂不安的自然狀態，而進入文明社會。在絕對君主統治下，百姓的生命、安全、財產得到保護。洛克的主張則是視自然狀態爲不方便的人際關係，有賴大家捐棄私人直接動用暴力，以及自任糾紛的仲裁者（個人不再扮演球員兼裁判）的角色，從而在有限政府（而非絕對君王）之經營下，讓人民的身家、生命、個人自由與私有財產得到保障。政府則定期改選，靠百姓的輸誠與共識（多數決）的再造，而使社會契約定期更新。

比洛克遲兩年才出世，但中年崩殂的斯賓諾莎（Baruch Spinoza 1634-1677），則把國家（社群）的出現歸功於人類互助（而非相互仇視、害怕）的天性，而社會乃爲諸個人互助天性的感覺之延伸。對他而言，國家不再靠人民的忠誠與服從而存在；反之，卻是在鼓勵群眾發展心身的安全，而使其理性不受束縛，人們不再擔憂害怕，而享有言論的自由與意見的容忍。不過斯氏不認爲人類單靠理性便可以存活，也受到本性、本能的制約。他不認爲政治是對神意（自然法）的理性反應。反之，主政者必須體認民意，不分其爲貴賤一視同仁，主政者不得一意孤行。主權者的權力受到民意的限制。人的生活在落實本性要求，也執行理性的吩咐。道德價值是人造的，是在人工的範圍裡培養起來。

作爲「現代性」（modernity）的議題之首創者，斯賓諾莎的倫理學和政治思想可以被看成爲「激進的啓蒙運動」（Radical Enlightenment）之開路先鋒。這包括他對《舊約》眞實性的質疑，企圖應用科學的方式來解釋基督教的經典與教條，也包括他對國家的緣起、政府的功能、民意（大多數的民意）的尊重、自由與容忍精神的提倡，更觸及啓蒙運動中對人性的規則之探討在笛卡兒提倡「新哲學」，以機械觀看待宇宙之後，斯氏對人性思想方式的改變，有了特殊的看法，就在人的思想過程中一個嶄新的世界遂告誕生。嚴格言之，啓蒙運動並不是侷限於法國，英國與日耳曼哲學家的新猷，而是整個歐洲範圍裡的泉源之新時潮。它也發生在斯坎底納維亞半島，西、葡、義大利與荷蘭、比利時等低地國度。斯賓諾莎是激進啓蒙運動中的大思想家，他把向來視爲分散的五個學科統合起來，這五個科學包括哲學、聖經評註、科學理論、神學和政治思想。在其有限的四十多年生涯，其作者常是祕密流通，怕被當局發現、壓迫或摧毀。斯賓諾莎的祕密信徒遍布歐洲各地，最後迸發爲啓蒙運動。[8]

2. 福爾泰和盧梭

法國啓蒙運動的大師則爲福爾泰（François-Marie Arouet [Voltaire] 1694-1778）和盧梭（Jean-Jacques Rousseau 1712-1778）。前者在一七二六年旅居倫敦，雖僅僅停留三年，卻目擊英國的政治清明、文化昌盛。尤其牛頓領導的皇家學會對科學的提倡令他印象深刻。牛頓以一介平民而成爲當時學界的泰斗，也令他感慨萬分，因爲他的母國——法蘭西——還靠個人的出身，決定社會地位的高低，而法國國會（四階級的議會）長達一百多年未召開（最後召開時，也是法蘭西大革命爆發之時），英國國會則開會頻繁。英國人享有高度的言論自由，則是拜受合理的議會政府之所賜。比起英國政府的容忍，法國國王路易十四的窮奢極慾、專制濫權，遂在福爾泰的公開書信中大爲批判。

要之，福爾泰的主張是把笛卡兒的理性傳統應用到牛頓的科學學說與洛克的民主論述之上。笛卡兒是一位理性論者，強調本性、直覺所掌握的「事物之本質」是先驗的演繹法可以求知的。牛頓（Isaac Newton 1643-1727）的天體運行說則是觀察與數理的推演而得的經驗理論。洛克（John Locke 1632-1704）的貢獻則是心靈的剖析。這三位前驅者的努力說明宇宙受到自然規律——自然法則——的規範，其應用到諸國家與諸個人則爲「自然權利」。人一旦擁有這些與生俱來的權利，要求革命的學說必然應運而生。福爾泰相信靠著人類的認眞工作，宗教的信念必然爲科學的信念所取代。人的一生不須以懺悔來贖罪；反之，靠改革國家、教會、教育來使人現世存在更爲快樂、更有意義。福爾泰對人群思想求新的呼籲，剛好與當時大批知識分子革除舊政權的想法相互一致，雖然法蘭西大革命在他逝世一年之後才爆發，但他與盧梭以及百科全書家等啓迪群眾、鋪平革命之途的貢獻，卻是有目共睹。

盧梭在討論人類原始的不平等中，強調人生而平等，但後來的典章制度則把這種平等的狀態打破。道德生活是文明的結果，而非自然的安排。人一旦贏取道德與文明，其純眞、無罪之身也告喪失。凡有所得，必然有所失。人一旦獲得精神，獲得自由的意識，人的靈魂也從激情當中透露出來。「自然命令每一生物服從其規定。人也沒有例外，不過不同的是人自認他可以自由接受自然的命令，也可以反抗。就在意識到這種〔降服與反抗〕的自由之下，人的靈魂之靈性得以顯露」。盧梭認爲自然人是率性之人，順應其感受之人，他不但感受到其本身，也感受到本身可以自我改善，也感受到別人對他的想法、看法。工業與農業導致分工，透過分工，有人擁有財產，有人身無恆產，社會的不平等因而產生。人失掉其早前（原始狀態）的純眞平等，變成欺騙者、剝削者，變成不公平法律的立法者，變成壓迫、暴政的辯護人。盧梭的《社會契約論》介紹了普遍意志，人民的總意志，等於鼓吹主權在民，遂成爲推翻法國王室專權的革命先鋒。

3. 德國經典的觀念論與啟蒙運動

德國的經典哲學是指康德以後經費希特（Johann Gottlicb Fichte 1762-1814）、謝林（Friedrich W. J. Schelling 1775-1854）和黑格爾（Georg Wilhelm Hegel 1770-1831）所倡導的觀念論，或稱唯心主義。康德接受基督教義爲一種實踐的道德說法。其主張建立在神愛世人、彼此相愛的哲學基礎上。但康德反對基督教義與行事中超自然的怪力亂神的傳說，他不相信耶穌的神蹟、先知的預言等這類缺乏實證的傳說。當然反對基督教傳說的原罪論和「世俗的罪惡」。他也反對中世紀告解、謝罪以蒙救贖的念頭與作爲。康德還大力分辨心靈和靈魂之不同，等於分別了心理學和哲學的不同，而這點不同是基本的。

在康德那裡科學知識和批判思想應加以區別。另一方面也是理論與實踐的不同。[9]康德最感興趣者就是「自我」，以及自我怎樣認識外物（周遭的事物）。他的結論是：並非所有的知識都是科學，而批判的思想告訴我們無法認知事物的本身（表象背後的實質）。心理學研究的對象是心靈，但心靈並非像其他認知的對象，在其時間與空間的架構，是故在他心目中，心理學不像嚴格意義下的（自然）科學，爲了瞭解人心靈的運作，人類學和面相學仍有學習的必要。康德偉大的貢獻在於直覺使我們分辨「我」與「非我」。他認爲把理性燭照自然的祕密之光芒的過程之比喻並不恰當。反之，產嬰的過程之譬喻比較可取，因爲理性就是知識的子宮，在懷胎相當的時期之後，把知識生產下來。

人的行動並不單純只接受理性的指揮。反之，每人內心有其主意，內心發出的聲音才會驅動人的行爲。人內心的聲音爲其行動尋找價值與目的，這種尋找的機制不一定符合邏輯的思考，不一定符合科學的要求，而是個人按其本性、機遇而創造出來的。康德這個說法與過去對個體性的說詞有了重大的不同與改變。這就是把道德是個人自動自發的創造過程透露出來。不只科學家在創造、藝術家也在創造。人對自己活動、生活形式的選擇、掌握就是自我創造的過程，而自我創造使人的自主、自動、自發的精神揭露。

費希特在康德論創造的觀念下，把創造的要素視爲意志，並對這點加以發揮。他說，人在意識他自己的時候，並不是把自己當成廣大事物的一個成員、一個因素看待，而是在與「非我」的情境發生碰撞、衝突之後浮現的。換言之，是在非我的壓迫下，把自我屈就於這種非我的自我體認。他認爲自我無非是一種活動、努力、自我指引。是根據每個人對世界的觀念，把世界當成幾種範疇的合成體看待，然後在思考與行動中對世界的改變。這方面康德認爲是人的本能、直覺、甚至無意識的部分。但對費希特而言，剛好相反，自我乃爲人有意識的、創造性的活動。人活在兩種的世界裡，一種是外頭物質的世界，受到因果律的支配；另一種爲內心的精神世界，是人本身所創造，而能夠操縱的世界。這種人自創的慧見對哲學的瞭解起著激烈的改變作用。「我的哲學依賴我是何種的人，而非我是何種的人、依賴何種的哲學」。在這種說詞下，意志在人的心理活動中扮演重大的角色。所有的人都在同樣的作法下，進行這樣的推理。他們所不同的不是推理方式有異，而是他們的意志各個不同。

費希特這種倡導工作、實踐、行動的哲學，對後世影響重大，包括波蘭哲學家齊次科夫斯基的行動哲學，馬克思（Karl Marx 1818-1883）強調革命實踐和強調勞動、生產是人對宇宙自然的改變，從而把人群對勞動、工作的世俗痛苦，轉化爲個人意志、創造力的表現，是人的創造人格刻印在「無生命（死）的自然」之上的更新、創作的作爲。[10]

康德認爲歷史不斷在朝其目的進步，也就是每個人如何在道德的自主下，增加本身的德性與才能，而對世界和人類有所貢獻。黑格爾也同意歷史的進步方向，爲人類的自由。至今爲止的人類歷史中，大約可以分爲三個階段，第一階段爲東方暴君主政之時，只有君王一人享有自由；其次，古希臘和羅馬，爲少數貴族享有自由；最後則爲其所共處的普魯

士君王統治的時代，可謂大多數人享有自由。【11】

4. 啓蒙運動的反彈——浪漫主義

由於啓蒙運動強調人性的合理性以及社會的進步觀，未免受科學、技術（技藝）影響太深，於是一股以倡導人性與自然不可分，甚至鼓吹重返自然的呼聲又起，反對只談科技、只談合理，改而重視文藝、重視感情。由是對傳統的神話、傳說、歌謠、詩詞、藝術重加注視。在日耳曼文學家如歌德、席勒、海涅、賀爾德，思想家、語言學家如史勒格便在盧梭影響下，倡說浪漫主義。可以這樣說，日耳曼的浪漫主義是針對啓蒙運動而發的批評與反彈。

5. 人文學科的現代意義

綜合前述，人文學科是建立在人性、人情之上，以人爲尊，重視現世生活，揚棄來世，救贖的宗教想法，使人們思想得到解放的教育，也是修辭、美學啓迪的學科。這種強調入世精神的教育有異於近代以來職業或專業的訓練，而是使人走向美感、德性、圓滿、和諧的理想狀態（目的）之修身、之養成。這種人文學科在早期是統攝人文、社會與自然爲一體，超人爲與自然分別的學問，故除哲學、修辭學之外，兼把數學、宇宙論也含攝下來，目的在造就天人合一、完整一體的人格。[12]不過自從十九世紀末德國學者倡說人文科學與自然科學的分辨（「我們要解釋自然的因果關係，但卻要瞭悟人文的意義」）之後，人文學科便逐漸告別自然科學，而常與社會科學合致、或靠近、或自行發展。

在二十一世紀人類的各種生活領域受著科學和技藝的宰制，金錢和物質的控駕，在資訊發達的世紀，寰球化資本主義的世代，心爲物役、身爲慾困，要尋獲心身平衡的關鍵愈來愈難。在此情形下尋覓人的自我認同，發揮其主體性的主動與能動，確屬必要。人文學科正能滿足當代物質富饒與精神貧瘠、心靈孤獨的現代人走向和諧圓滿的正途。是故，人文學科的現代意義在培養獨立自主、思想自主、能動主動、創意福樂的新人類，也給新世紀帶來新希望、新美夢。

◆**註釋**◆

[1] Jones, Peter *et. al*. 1977, *The World of Rome*, Cambridge: Cambridge University Press, p.7.

[2] 洪鎌德，二〇〇四，《法律社會學》，台北：揚智，第二版，頁四六一—四六九。

[3] Valentine, C. W. 1935, *Latin: Its Place and Value in Education*, London: University of London Press, pp.41, 54, 73.

[4] Farell, Joseph 2001, *Latin Language and Latin Culture*, Cambridge University Press, p.32.

[5] 尤西林，一九九六，《人文學科及其現代意義》，西安：陝西人民教育出版社。

[6] Hall, Peter 1998, *Cities in Civilization*, pp.91-95.

[7] Barnes, Henry Elmer 1965, *An Intellectual and Cultural History of the Western World*, New York: Dove, p.556.

[8] Israel, Jonathan L. 2001, *Radical Enlightenment: Philosophy and the Making of Modernity 1650-1750*, Oxford: Oxford University Press, p.591.

[9] 洪鎌德，二〇〇六，《當代政治社會學》，台北：五南，第三章，頁四十—四一。

[10] 洪鎌德，二〇〇七a，《從唯心到唯物——黑格爾哲學對馬克思主義的衝擊》，台北：人本自然，頁一一五—一一七。

[11] 洪鎌德，二〇〇七b，《黑格爾哲學的當代詮釋》，台北：人本自然，頁二五八—二五九。

[12] 尤西林，前揭書，頁一。

第三章　人文思想的湧現

一、何謂人文與人的現象？

在沒有討論人文思想之前，我們不妨先研究一下「人文」兩字的意思。「人文」兩字在中國古籍中首先出現於《易經》〈易賁〉：「觀乎人文，以化成天下。」疏：「言聖人觀察人文，則詩書禮樂之謂，當法此教而化成天下也。」又《後漢書》〈公孫瓚傳論〉：「舍諸天運，徵乎人文。」註：「人文，猶人事也。」可見古時中國人視「人文」與「人事」相似，是涉及人間一切的活動而言，而這類的活動和詩書禮樂的教育與教化關係密切，是除了自然的演變（「天運」）之外，人間的教育、文化與典章制度之總和。

顯然，人文或人事，都是以人爲中心，以人類的活動及其衍生的問題爲觀察的對象，常稱爲人文現象。由於人類無法離群索居，是故人文現象同時也呈現爲社會現象。由於時間的貫穿、社會的變遷，則人文現象也是歷史現象。

作爲靈長類，有知識、有見解、能言善道的智慧人（*homo sapiens*），其出現在地球之上，至少也有幾百萬年的歷史。不管東西方哲學家對人怎樣描述，怎樣與其他動物分辨區隔，怎樣來分析人的特質，作爲個人的人與作爲集體的人類，都是一個完整的、獨特的種類。作爲整體的人有其獨特的、單一的、完整的圖像。這包含了人的出現、存在和演展的條件和關係。其中特別是(1)人與自然；(2)人與社會；(3)人與歷史；(4)人與自身的幾重關係最值得我們注意。

1. 人與自然

在太空探險和宇航開發日益進展的今天，人類征服地球之外的行星，殖民其他的星球之可能性大增。不過有史以來人類仍舊是棲息在地球上的動物。是與地球的發展及變遷一齊成長的，是故人類是地球長期演展的產品。地球對人類而言不只是其寄居的本家，更是開物成務、利用厚生的自然倉庫。因此，嚴格說來，人是自然界的一部分，也是自然的產物，而不可能超越於自然界之外。

人雖然產自大自然，是自然界的一部分，這包括人本身的生理結構，與一部分的心理結構，都是受到自然時空範疇與生老病死的演變所規範、所制約。但自從人類出現在地球之日起，不斷地以其行動開天闢地，作用到自然之上。因之，利用自然、改變自然、征服自然，也成爲人類有異於其他動物的特徵。這種對自然戡伐利用，目的在使自然的變化愈來愈適應人類的需要，從而吾人可以說，地球的面貌已因爲人類的出現、成長、演展，而蓋上了人類的烙印。自然已遭到人類的改造、傷害、迫壞，乃至毀滅的嚴重地步。

人類本來是地球生物圈的一部分，但卻因為善於利用自然，擴大人類活動空間而造成了人類圈。凡是與人的生存、發展有關，而為人類棲息活動的所在，即為人類圈之處。由於工業化、城市化、現代化、資訊化的過程之推擴，人類圈擴大了，但其他的生物圈便遭受傷害而萎縮，也嚴重地破壞了礦物圈、減少了植物圈的自然資源。因之，導致生態環境的惡化，亦即破壞了生態環境的平衡。人類對自然環境的破壞與汙染已威脅了整個生態系統的功能，也直接危害人類的生存與發展，這有導致生態危機之虞。

作為自然的產物，也要靠自然提供我們成長、發展的原料，人類不可竭澤而漁，摧毀與耗盡我們生存與發展所需的自然資源。是故人與自然怎樣和諧共存、互動調適、拿捏均衡，已成為當今關懷生態的人、關懷人文的人不可輕忽且不容漠視的當務之急。

2. 人與社會

古希臘哲學家亞理士多德早便說過「人是居住在市邦的動物」（*Zoon politikon*），意思就是說人是成群結黨、營集體生活的社會動物與政治動物。的確，人不能離群索居，從人呱呱墜地之日開始，便生活在人群之中，不管是家庭、是醫院、是育嬰所、是孤兒院。幾乎毫無例外，人必須誕生於有人照顧、養育、呵護之處。其後經由嬰兒、孩童、少年、成年這段漫長的成長過程，與他人建立或親或疏的關係，更是無法離群獨居。只有到人的身心業已健全發展之後，人或可能脫離人群而在山巔海角，營孤獨的生活。但這種孤僻人，或是隱士畢竟在眾多的常人中占極少的比例。就算他（她）離群索居，但其維持生命的必需品，仍舊靠其他人供應（包括他開天闢地、自耕而食所需之工具、避寒之衣物、房舍等無一不是他人事前的供應），其謀生的能力、也是隱居前由家庭、親朋、鄰居、學校，總結一句，由社會學習而得，所以他（她）仍不失為社會人，社會的一分子。

所謂的社會是指兩人以上的成員彼此有聯絡的意思，也有互動的關係所建立，在時間上稍微久遠的、具有目的或功能取向的組織，社會可以大到寰球、大洲、國家，也可以小到夫妻、伴侶、鄰居。人的社會是由諸個人組合而成，不過人並非都有意識、有自覺地組合社會，有時剛好是出生在那個家庭，或棄嬰被人收養，而變成那個家庭——一個小的社會——的成員。

不過從猿人而發展為最高智慧的靈長類，人的形成不是以單個人的形式，而是以集體、以社會的形式來實現的。人類社會出現之後，每一個人的出生、存在、成長、發展都以社會為前提，為先決條件。一個人究竟會出生於怎樣的家庭、怎樣的社會，並非他本人事先可以選擇。因之，一個人的存在與發展一開始便受到社會的制約。但人除了受社會的影響、制約之外，社會也是受到人的創造、改革，也就是社會充滿了人活動的烙印。在很大的範圍上，社會乃是人的第二天性。這個第二天性事實上是人改造的自然，人造的環境。亦即社會是人造的自然、人造的環境。

更明確地說，社會是由諸個人基於物質利益與經濟關係而構成的共同體，由是可知個人與社會的關係是相當密切而複雜。社會也是基於共同利益而聯合在一起的諸個人。所以個人與社會的關係，也是個人與群體、或個人與集體的關係。有異於其他的動物，人類爲了生存、安全和心靈的需要，無法經營個體單獨的生活，必須結合成群體、集體來從事物質生產、經濟運作、滿足需要，以及感情上和精神上的活動，才能圖生存與發展。社會就是人經營群體生活與集體生活的場域，也是這些群居生活的表現。

3. 人與歷史

人的歷史包含了人類整體的歷史和個體的歷史。整體的歷史，也就是人類的歷史，是從人類出現在地球之日算起直到今天所有的人所經歷的全部活動、變遷、發展之過程。個體的歷史則爲個人的經歷、事業之紀錄，或出於自傳方式，或出於傳記方式，或出於口口相傳、代代敘述，其爲人類歷史的一部分毋庸置疑。

由於人是社會動物，營社會生活，因之，整部人類史又表現在人類社會的歷史之上。這是以宏觀的角度，也是抽象的角度來看待人類群體（氏族、部落、市邦、民族、國家、帝國、地區等）活動之經過。這種人類社會之生成、變遷、轉型、衰落、消失、重生之過程，比之個人短暫的生命來要龐雜的多。爲了便於理解，常區分古代、中古、現代諸時期來一一考察，也以地理之分布不同區分爲東方社會、西方社會，或更仔細地區分爲古希臘、羅馬、歐陸、印度、中國等國度或地區之社會（蘇末爾文化、巴比倫的社會、印卡帝國），而考察與研究其變化、生成或是沒落。

在時間演變的流程中個人感受生老病死的自然變化，在幾千年的典章制度與文化變遷中，人類也體會一個民族、一個帝國、一個民族國家的崛起、壯大、衰微、失落或再生。人彷彿是歷史的旁觀者或是歷史的產品。可是歷史並不是外在於個人，對個人只有拘束、壓制的外力。相反地，歷史應當是人類本身所創造、所經營的活動之紀錄。問題在於人並不是憑空創造歷史、改變歷史，而是在前人所傳承下來的基礎上，在其所面對的現實之前創造歷史。這點馬克思說得很好，他說：「人群創造了他們的歷史，但他們並不按其所喜歡來創造歷史，他們並不是在其所選擇的情況下創造歷史。反之卻在直接碰上的情況下，在〔別人〕給予的，和過去所傳承下來的情況下進行歷史的創造。所有已死的前代之傳統以夢魘的方式重重地壓在活著的〔現代人〕之心靈上。」[1]

明白了人是歷史的產品，也是創造歷史的主角之後，我們當會更理解人的活動不只受到空間的規約，更受到時間的限制，這也說明人是受時空制約，而又企圖利用或超越時空囿限的動物。

4. 人與自身

人類在探討其身外世界而取得一連串的成果——知識、科學的進步，工具技術的應用——之後，開始反躬自省，企圖瞭解人的本質與本性。固然自上古以來東西方哲學家、思想家便企圖對人性加以理解，但懂得使用有系統、有根據的科學方法去對人本身的生理、心理、人與自然的關係、人與人的關係作徹底的考察與深邃的省思，還是在近代人類學、心理學、社會學等行爲科學興起之後。

毫無疑問，人類由於知識文化的長進，引發其本身心智之變化，而企圖改善其周遭的環境，同時也改善人與人之間的關係。當環境與人際關係有所變化，也會影響個人心態的改變。所謂「衣食足而知榮辱」，當人們初步的、或基本的需要獲得滿足之後，自然會進一步去詢問人生的意義與目的。

自歐洲启蒙運動以來，其所鼓吹的進步之說法一直主宰當代人類的心靈。但這種進步與樂觀的表象之後卻存有悲觀、頹廢的陰影。我們在當代一方面看到人類地位的升高、物質生活的改善、精神生活的多彩多姿，但另一方面又發現現代人的孤獨、疏離、脫序、解體，尤其是自我認同的失落。因之，現代人是矛盾而相互衝突的人性之產品。

在二十世紀當中，人類歷經了兩次世界大戰和四十年左右的冷戰，全球許多地區曾飽受戰火肆虐，也遭受強權、強勢、強人等的蹂躪，在民不聊生、社會擾攘不安下，使思想家懷疑理性在人事處理上所扮演的角色。這一懷疑剛好與兩百年前社會科學萌芽時，人們所鼓吹的理性主義成一極大的對比。換句話說，二十與二十一世紀的思想家已看出人不單單是一個理性的動物。人的非理性的部分，唯我獨尊的思想，主觀的色彩，在在都影響人們的言行。因此個人的寂寞、自由的落空、憂鬱的瀰漫、靈智的界限、生存的失衡、抉擇的困擾等等都成爲當代哲學思想的主題，對於存在主義更是如此。

乍看之下，人類心智的恐懼以及人生的意義，與社會科學的研究是風馬牛不相及。但我們如果仔細考察，便會發現這些現代人的心態，是當代社會科學發達的境遇（contexts and ambiences）。蓋「失落的個我」不僅是當代哲學或文學關心的對象，也是現今社會科學不容忽視的主題。特別是疏離、失常、異化、認同危機、違規（estrangement from norms）等概念，都是當今文化人類學家、社會學家、社會心理學家、政治學者津津樂道，而又致力尋求解答的難題。

顯然得很，有關文化與社會現象的研究，都離不開人類的文化之考察，而考察文化的途徑，除了社會科學之外，應輔以哲學、文學、神學、美學、倫理學等人文學科。社會科學是研究人與人的行爲的科學。既然當代人際的關係，人的自然關係，人與人的行爲都發生了劇烈的變化，且趨於複雜，那麼有關這類對象的研究，也自然水漲船高跟著產生變化。因此，我們可以說，二十世紀迄今的社會科學是其發展過程兩百多年當中，質與量變化最劇烈的時期。

二、人本主義與人文思想

1. 人本主義

英文humanism、humanitarianism都是從拉丁文*humanus*（人的、仁愛的）、*humanitas*（人、人道、人情、教養、教育），或*humaniora*（古代文化之研究）等字轉化而成，一般譯爲人本主義、人道主義或人文主義。在哲學用語方面，humanism是與absolutism（絕對主義）以及theism（神本主義）相對照，而強調人的重要性，並把人的價值和人的欣賞列爲首要的地位。

人本主義早在古希臘的文化哲學中便受到重視，像普羅塔哥拉斯主張萬物應以人爲衡量的尺度，以人之所是爲是、以人之所非爲非，這應當是人本思想的濫觴。這種說法便是反對以絕對主義的觀點來認識周遭的事物。

到了中古文藝復興的時代，像裴特拉克（Francesco Peterarca 1304-1374）和衣拉士穆（Desiderius Erasmus 1467-1536）都強調學問的本質在於古希臘與古羅馬的文化，而反對經院和士林哲學以神爲本、註釋聖經的煩瑣和反對引用教會的權威作爲知識的源泉。

近幾個世紀以來人本主義常用來對抗神本主義的想法，將人當成良善與生產力、創造力之來源，孔德便是大量提倡以人爲中心的觀念，甚至不惜以人爲崇拜的對象（worship of humanity）。可以說人本主義作爲一種時代的思潮和理論，它的產生、發展是與西歐資本主義的產生、發展相配合的。開始是出現於十四世紀歐洲文藝復興時期的義大利，後來傳播到西歐及世界各國。從內容上看，是以繼承、恢復和發揚古希臘羅馬文化藝術著手逐漸展開，擴及到文藝創作和研究、教育的理論和實踐、人生哲理、道德規範、社會理想、政治學說等等。幾乎包括意識形態的各個領域，其基本思想則是提倡以人爲中心的人本主義，反對以神爲中心的神本主義，逐漸形成了與經院哲學、士林哲學、教會文化相對立的，以人爲中心的世俗文化的人文學科，因此，它又譯爲人文主義。

人本主義在它的發展前期，是一種把批判的矛頭直接指向封建貴族、地主和教會反動統治的思想文化運動。它針對封建制度和教會對人的壓迫，神對人的統治，號召人們回到人間，回到自然，把崇拜與敬仰的對象從神變爲人自己，把人生的意義從天堂拉回人世。它從一種抽象的、帶有普遍形式的人性理論出發，論證人的一切現實要求（歸結爲個人自由和幸福）的合理性，主張以人性作爲衡量歷史和現實的準則，重視個人的價値，維護個人的尊嚴和權利，解放個性，使個人得到充分的自由發展，以及對人寬容等。

到了十七、十八世紀工業革命，激進的人本主義思想家，就以「自然權利」或「天賦人權」的形式，進一步提出「自由、平等、博愛」的政治口號，要求建立公正的社會制度，成爲資產階級革命的先導和旗幟。這種人本主義集中表現在法國的《人權宣言》和北美十三州的《獨立宣言》中。

十九世紀德、俄等國資產階級民主主義者也都宣揚人本主義。大約與其同時的烏托邦社會主義、烏托邦共產主義則用人本主義作爲武器來批判資本主義制度的弊病和對人的摧殘，宣揚未來美好的社會理想，反映了早期無產階級和勞動群眾的願望。十九世紀中葉以後，西歐、北美資本主義矛盾的發展、階級鬥爭的激化，特別是馬克思主義和國際共產主義運動的產生和興起，一些資產階級思想家曾打著人本主義的旗幟來反對無產階級的革命鬥爭，並以欺騙與軟硬兼施的手法，來麻痺勞動人民，維護資本主義的統治與剝削。

隨著資本主義發展到帝國主義階段，西方出現了公開拋棄人本主義旗幟的理論。二次世界大戰期間，德、意、日等國實施滅絕人性的法西斯政策和納粹暴政，集中反映了壟斷資產階級的反人道本質。

在現代，人本主義在思想界、理論界占重要地位，絕大多數人都自稱是人本主義、或維護人本主義原則。重視研討人的理論和人與科學技術的關係是其主要特點。進步的政治家、社會活動家則用人道精神反對戰爭、反對民族壓迫、種族歧視、摧殘兒童與婦女，反對虐待老人及其他反人道的社會罪惡。[2]

早期的席勒（F. C. S. Schiller 1864-1937）與近現代的詹姆士（Willian James 1842-1930）都把人本主義作爲對抗哲學的絕對主義之詞彙來使用。這與普羅塔哥拉斯在認識論上強調人爲萬物的衡度不同，而是反對以超驗的形而上學的觀點來論人，亦即反對過分把人理想化，而變成絕對的觀念論、絕對的唯心論。其強調的是一個開放的世界、多元主義的並存和人類的自由。

如果把humanism譯爲人道主義，則當代出現的結構主義（structuralism），剛好與它針鋒相對。結構主義主張所有的社會和文化都擁有其獨特的結構，亦即規範人的行爲者乃是無意識、也無法反思的不變關係。這種關係不僅出現在社會、文化上，更是潛藏在我們的語言文字裡，甚至下意識當中，從而個人的自我不過是被結構化的下意識。在這種情形下，強調人是主體、是能動的主體、是事物的中心都是錯誤的。事實上，人只是一個「退場的、褪色的主體」而已（拉坎〔Jacques Lacan 1901-1983〕的說法）。

2. 人文思想

人文思想源之於人文主義，是歐洲文藝復興時期及其後的啓蒙時代主導社會的思想，是由新興的資產階級之學者、藝術家率先領導，起而對抗封建主義、專制政治和宗教壟斷的精神解放運動。人文思想湧現於十四世紀勃興的資本主義搖籃之義大利北部，在十五與十六世紀之間擴大到荷蘭、英國、德國、西班牙。代表人物爲義大利的裴特拉克、薄伽丘、但丁、達芬奇（Leonardo da Vinci 1452-1519）、德國的庫薩努士（Nicolaus Cusanus 1404-1464）、荷蘭的衣拉士穆、英國的莫爾（Thmoas More 1478-1535）、西班牙的皮特魯（Petras Hispanus 122601277）、法國的蒙太涅（Michel de Montaigne 1533-1592）、拉普雷（Pierre Simon Laplace 1749-1827）等人。

這時期西歐這些學者發覺研究古希臘、羅馬的語言、文學、自然科學和哲學等古典文化，藉此建立了一種有別於神學的，關於人和自然的新興世俗文化。他們借用拉丁文 *humanitas*（即人文學科）稱謂它。後來，人們稱這些學者爲人文主義者，從十九世紀開始使用人文主義來概括這一時代的整個社會思潮。

人文主義要求在各個領域把人從宗教神學的禁錮中解放出來。它的主要內容概括爲四個方面[3]：

(1)反對中世紀神學抬高神、貶低人的觀點，肯定人的價值和尊嚴，讚美人的特性和力量，主張人的全面發展，把人看作「宇宙精華」、「萬物靈長」和衡量一切事物的標準；

(2)反對禁欲主義和來世觀念，注重現世生活的意義，追求享樂和幸福；

(3)反對宗教桎梏和封建等級觀念，主張個性解放、意志自由和平等，強調個人道德、努力、才能的重要作用；

(4)反對士林哲學（經院哲學）和蒙昧主義，推崇經驗和理性，提倡認識自然造福人類，透過知識和教育消除社會弊病。

人文主義的出現最先是資產階級世界觀的早期表現，它的理論基礎是抽象的人性論，它的原則是個人主義。它採取的是全人類的共同人性和要求的普遍性形式，實際上反映的是以新興資產階級爲代表的「第三等級」的理想和要求。人文主義的影響是廣泛深遠的。它推動了歐洲各國科學文化的發展和思想解放，成爲反對封建專制和宗教神學的思想武器，爲建立和發展資本主義作了思想、輿論的準備，在歷史上起了積極的、進步的作用（黃楠森等，1999: 80-81）。

中國在一九八〇年代四人幫倒台後，人本主義、人文思想一度成爲意識形態中的激辯對象。這對改革開放的契機與落實，同這次人本主義的復興與思想的解放有重大的關係。

◆註釋◆

[1] Marx, Karl 1979, The Eighteenth Brumaire of Louis Bonaparte, in Marx, Karl and Friedrich Engels, *Collected Works*, Moscow: Progress Publishers, vol.11, p.103.

[2] 黃楠森，夏甌陶，陳志尚（主編），一九九〇，《人學辭典》，北京：中國國際廣播出版社，頁七八－七九。

[3] 前揭書，頁八十－八一。

第四章　神話與宗教

一、神話

1. 神話的定義

希臘文*mythos*（風俗民情）演變爲英文的myth，是指神奇的傳說（legend 傳奇）而言。這個神話、傳說、或傳奇被人們當成眞的故事來看待，可是其眞實性卻無法考證。傳說中超人的力量是提供有關宇宙創造與運作的起始作用之說明。神話與譬喻（metaphors）與寓言（allegory）有關，係指某一族群在某一時代中，其原始經驗的象徵性、或符號性的表述。

神話作爲某一民族在某一時代裡流傳的故事，其中涉及神祇、超自然力量或英雄豪傑的悲喜情節。這是在科學誕生之前，該族群充滿幻想、迷信的認知方式之一部分，也構成該族群宗教信仰、宇宙觀、人生觀的基礎。

神話是遠古時代人民集體生活中口耳相傳的故事，也是一種口頭創作的文學作品。這是他們對宇宙、世界，甚至人類起源的猜測，也是對自然現象、超自然現象和文化現象之產生或創造的想像，包含幻想、玄思、投射等不實的理解方式。由於古時生產力低，知識欠缺，無法用科學方法來瞭解超自然、自然和人文的現象，而每日卻飽受天災地變的威脅和人群生活的矛盾、衝突、鬥爭的脅迫，因而產生了幼稚的猜測和主觀的想像，遂使口耳相傳的神話得以流傳。是故神話爲古代初民對超自然、自然和社會的原始理解，也是人與天爭、人與人爭和追求安樂、理想的表述。

古希臘的神話促成其後文藝的發達，也造成哲學的萌芽。中國神話頗爲豐富，是小說、文學的溯源。許多神話保存在古代的著作中，像《山海經》、《楚辭》、《淮南子》、《莊子》等。歷代文藝創作中，模仿神話、假借傳說中的神祇，來反映、諷諭或抨擊現實的作品，通常也可以說是神話的一部分，例如《封神榜》。

巴赫霍分（Johann Jakob Bachofen 1815-1887）稱神話爲「象徵的解釋」（*die Exegese des Symbois*），爲「在宗教信仰基礎上民族經驗的表達」。

不要以爲只有古代才有神話的創造與流傳，就是現代人仍常生活在神話裡。現代人將一些典章制度（諸如國家、民族、群體、技術）當成影響個人的神祕機制來頂禮膜拜，便有把典章制度神祕化（*Mythisierung*）之嫌。與此神祕化剛好適得其反的作法（例如去揭開基督教神祕的面紗），可稱爲去掉神話化（*Entmythologisierung*）。

早期國民黨控制下的台灣，視蔣介石爲「民族救星」，視打倒中共、重新奪取統治中國的權力，爲「光復大陸」，就是政治神話的一種。另外，以美國的霸權來維繫整個世界的和平，充任「世界警察」的角色，亦即所謂「美式和平」（*Pax Americana*），也是另類的現代政治神話。

神話學（Mythology）係有系統地對神話進行研究，俾瞭解神話與產生神話的民族之間的關係，亦即嘗試去理解神話所代表的族群活動及其時代意義。

2. 西洋神話的闡釋

每一民族都有其或早或晚、或多或少，內容豐富或貧乏的神話。西方神話產生自古希臘愛琴海的文化。經歷近代至現代。

古希臘神話包括了對宇宙的起源與發展的說法，亦即宇宙說（cosmogony），以及重大發現與發明（火）、城市建構、帝王系譜和神人之間的關係。

古希臘的神話促成於符合理性的解釋方式之出現，亦即協助哲學的產生。在蘇格拉底（470-400 B.C.）之前的哲學家像赫拉克里圖（540-480 B.C.）、賽諾方（570-470 B.C.）和辯士派的哲學家都把神話看成包含概念性的眞理之譬喻。柏拉圖（428-348 B.C.）更利用洞窟的神話來說明人類對外在變動中的世界之認識。早期的基督教神學家更認爲神話的譬喻可提供解釋現象的分析工具。聖奧古斯丁（354-430）天國之城與地土之城的譬喻，以及在《聖經》中對傳說、神話之闡述都豐富了基督教教父（士林）哲學的內容。

近代義大利哲學家維柯（Giambattista Vico 1668-1744）在其著作《新科學》（*scienza nouva*）認爲神話學可謂人類的歷史分期提供分析的起點。他認爲歷史可分不同階段：人類文明之始爲「眾神的年代」，接著是「英雄的年代」，最後則出現「民眾的年代」。在眾神時代裡，藉著神話，人們可以理解早期的宗教、道德、法律和社會生活。他不認爲神話是謬誤的敘述，也不認爲它們全是寓言；反之，它們表述了某一特定時代的集體心理。

德國哲學家謝林（Friedrich W. J. Schelling 1775-1854）把維柯的說法顚倒過來，認爲人群的歷史是受到其神話所決定的，原因是神話對人群的的創造潛力有控制的作用，透過對人群創造力之控制，神話便可以型塑社會的實相。

啓蒙運動興起以來，西方學界力斥迷信之非，包括對古代詩詞頗爲欣賞的赫爾德（Johann Gottfried Herder 1744-1803）也視神話爲錯誤的信仰。

德國青年黑格爾門徒施特勞斯（David Struss 1808-1874）認爲基督教的福音書代表著人們無意識的創造力，他是以黑格爾式的想法來進行神話的詮釋。

出生於德國的英國語言學家謬勒（Max Müller 1823-1900）則認爲神話是語言加給思想「黯淡的影子」。這個影子之所以產生，乃是由於口耳相傳的口語之曖昧不清所引起的，因爲任何一個簡單的話，都可能產生不同的聯想或想像。因之，神話產自於語言的歧異、模糊。要之，在一八五六年他所出版的《比較神話學》中，他便企圖藉語言學或語源學去理解神話背後潛藏的原理。

英國人類學家泰勒（E. B. Taylor 1832-1917）解釋神話是初民做夢和清醒的經驗，因兩者難以分辨而滋生的混亂之產物。

法國社會運動學家索列爾（Georged Sorel 1847-1922）認爲神話是人類對理想狀態、或完美境界的嚮往。他認爲馬克思主義的不少主張都是神話，其目的在鼓勵普勞階級打倒資本主義體制，而達到奪權宰制的目的。涂爾幹（Émile Durkheim 1858-1917）、哈里遜（Jane Harrison 1850-1928）則指陳神話的功能在解釋族群意識的禮儀。

奧地利精神分析大師佛洛伊德（Sigmund Freud 1856-1939）在神話中發現家族親密關係的愛憎，這種親密者之間的愛憎被社會規範所壓制。例如戀母情結（Oedipus complex）和戀父情結（Electra complex），便由古希臘神話人物伊底帕斯殺父娶母的神話表述出來。

榮格（Carl Gustav Jung 1875-1961）認爲人的心靈是無數的心理力量構成的，其中有些力量是可以意識的，有些則無法意識。這些力量常互相阻擋，有時也互相加強。無意識的力量亦即其原型（archetypes）。原型有時對外界的投射，便形成了神話或宗教。是故神話乃爲集體無意識的投射。

出生於波蘭之德國猶太裔哲學家卡西勒（Ernst Cassierer 1874-1945）認爲人乃能把事物加以象徵化（symbolizing）的動物。人類象徵化的工作是由神話、藝術、神學、哲學一步步高陞，在最早的階段是神話階段。這裡人把事實（實相、實在）和其形象（影像）看成一體。透過形象，人類創造語文，而語文也成爲一個廣包自足的符號體系，所有的名詞也變成實在之物（實相）。有了名字，便認爲是對該名字所指涉的事物擁有權力（控制、駕馭的力量），當文化逐漸演進之後，神話的力量轉趨薄弱，但象徵性的表述卻不斷增加。換言之，卡西勒認爲神話的想法就是言辭的實在一致，也是敘述的力量與控制自然（超自然、人事）的力量相一致的時候。

法國人類學家列維．史陀（Claude Levi-Strauss 1908-2009）就像維柯一樣強調神話是社群的習俗。他以人類學的方式討論神話，認爲神話是凝聚社會實在的工具，俾對抗反社會的力量。因爲人群所生活的社會現實，與人群所理想的社會生活常有極大的差距，只好借助神話、儀式、宗教來化解彼此的差距，或掩蓋這種差距。換言之，在神話中使本來無法相容的社會矛盾得以解開相容。神話無法用理性去解析，因爲在解析神話時，經驗主義失去其效力，神話的分析同時牽涉到食物的供應、親族體系和語言結構。因之，神話是把現實的、理想的社會狀況及其歷史的反思熔爲一爐的大雜燴，是不容易做經驗性的解析的。

要之，列維．史陀應用人類學的知識指出神話反覆顯示社會兩元（日夜、陰陽、善惡等）對抗的結構之認知方式。不過在神話中，這種兩極的對抗常可化解調和。因之，神話爲社會對其結構的瞭解或理解之方式。他證實了維柯的話：「眾神的寓言乃是眞實的風俗史。」

英國詩人與美學家郎格（Andrew Lang 1844-1912）則視神話爲早期社會規範的殘留物。

3. 神話的功能

神話是理論與創思的結合，它與詩詞頗爲接近。神話產生自人群的感受、情緒（emotion），其情緒性的背景使神話泯沒了人我之分、天人之分。原始人對生命的看法是把它視爲一體的、綿延的。靠著「生命的協和」（solidarity of life）化解萬事萬物的歧異與差別。在神話的構思中隱含一種信仰的成分在。

神話有概念（conceptual）的結構，也有感知（perceptual）的結構。概念是指神話中所使用的名詞和指涉的事；感知則爲這些名詞與事物結合所呈現的意義。亦即任何神話都有故事的情節以及其所欲表述的寓意。可用「微言」（概念的部分）和「大義」（感知的部分）來分成兩種結構。

神話與科學都企圖掌握（grasp）實在（reality）。科學是以邏輯的、普遍的、超然的、分類的、系統的方法去理解實在；反之，神話卻以直觀的、直接的、非邏輯的感覺去捕捉實在，亦即掌握事物「直接的性質」（immediate qualitativeness）（杜威〔John Dewey 1859-1952〕語）。簡單地說，科學依賴分析；神話依賴綜合。

神話取材自社會，而非借鑑於自然。神話產生的動機完全是人類社會生活的投射。在投射中連自然也社會化。神話帶有社會性格是無法被駁斥的（這是涂爾幹〔Émile Durkheim 1858-1917〕和列維．布胡〔Lucian Levy-Bruhl 1857-1939〕之主張）。

對原始人而言，自然成爲一個大的社會，一個生命的社會。人在社會中與他人平等，人在自然中也與動植物處於相等的地位。不僅同代人，同時的動植物相同，就是隔代或異代人或是動植物也是平等的。更何況有人主張來世或轉世的觀念，亦即認爲宇宙是有生命的輪迴。

神話能夠自圓其說並不倚靠理知與邏輯的推演，而是依賴感覺的完整。因為原始思想最堅強有力的部分就是感覺的一體性、完整性。

神話的世界不受任何律則的規範，唯一的例外為變化（轉型）的規則（law of metamorphosis）。在神話世界中任何的事物都有變化成其他事物的可能。

神話對生命的完整與延續極為重視，但對死亡卻持「非自然」看法，認為死亡是起因於意外、失敗、反常，這點值得我們注意與反思。原因是神話中涉及眾神的際遇，除非意外失常，眾神們可持續存活，這點有異於人類。雅典娜（雅典的女神）告訴奧德賽的兒子提勒馬庫斯：「死亡對眾人而言為普遍的、必然的，這點連神明都無法阻卻祂所愛的人們免於死亡。」尤里皮德的劇作中提到一旦死亡，人將化為塵土與影子，沒有來生的賞罰可言。[1]

二、宗教

1. 宗教的定義

宗教是社會意識的一種，根據馬克思（Karl Marx 1818-1883）的說法是在麻痺人心與老百姓的鴉片煙，是無助者的呻吟，也是屬於社會兩個不同上下階層之意識形態的上層建築的一部分。人們相信在現實世界之外還存在著超自然、超人世的生命境界與力量，主宰著現世的人、社會和自然，因之對它頂禮膜拜、敬畏有加。

宗教是原始社會發展到一定階段文化的產物之一。最初是作爲自發信仰的是物。原來在太初原始人智力蒙昧未開，無法區別人力與自然力，對閃電疾風等自然現象尤其畏懼，於是支配初民生活的自然力被擬人化、人格化，變成超自然的神靈。

隨著社會的變遷和歷史的演進，宗教也不斷的演變，例如黑格爾（Georg Wilhelm Hegel 1770-1831）就認爲崇拜石頭爲神的人是不自由的人，崇拜肉身的人稍獲自由，只有懂得崇拜絕對精神、聖神的人才眞正獲得自由。可以說宗教的演變是這樣的：由最初的自然崇拜發展出精靈崇拜（泛靈論）、圖騰崇拜、祖先崇拜和神靈崇拜。由多神崇拜發展到對統攝諸神的至上者之崇拜，乃至一神崇拜。由部落宗教（例如南非布殊曼人的宗教）演化爲民族宗教（如猶太教），乃至世界宗教（佛教、基督教）。

宗教的發展過程中，陸續出現了由信教者組織的宗教組織、專職教務人員（祭司、僧侶、牧師等）和教階制度。各種宗教還形成其教義信仰、神學理論、清規誡律、禮儀祭祀和各種與宗教有關的典章制度。[2]

宗教作爲一種社會歷史現象，有它產生、發展和消亡的過程。馬克思主義者預言當共產主義實現之時，人與自然之間，人與人之間建立起合理關係時，社會的力量和自然的力量不再以異己的力量來宰制人類，屆時宗教才會徹底從人間消失。[3]

2. 宗教的起源

對死亡的恐懼是人類最普遍也是最深層的本性。絕大多數人在日常生活中都會親自經驗到親人、熟人或陌生人的猝死、遽逝或病變體衰而終於走上死亡的路途。死亡給予後死者的悲痛、哀悼、震驚、失神是造成恐懼的原因。對於臨終者而言，在生死幽門的徘徊無助，想到死亡是個人一己必須面對，而又無同伴奧援時，那種寂寞孤單無助的境況，也是是死者震慄駭怕的經驗。因之，宗教源自於恐懼，特別是對死亡的恐懼。

初民產生一種克服或戰勝死亡的想法或期待，認爲生命完整性的不可毀滅，使得人群得以團結合作。這種團結合作的社團便是生命共同體。藉著人群不斷地努力，藉著巫術儀式的嚴格執行，和教規的遵守，生命共同體得以保持不墜，得以強化延續。

英文religion源自於拉丁文*religare*，意即緊密結合在一起，這是指涉一群人有組織的團體，他們爲了進行崇拜、祭祀而經常集會，並且信奉某些教義，作爲成員與團體最終追求的目標。

宗教的起始是泛靈論（animism），相信自然界的萬事萬物都有其靈魂，都有其神明。除了泛靈論之外，宗教的起源，與巫術、召靈等神祕儀式活動有關，當然也與祖先崇拜，或偶像崇拜（idolatry）或圖騰說（totemism）有關。圖騰是原始氏族或部落，以某一動物（例如鷹、狼）爲其集體之象徵或符號，因之對所屬動物的敬禮膜拜。

從對屍體的驚避到屍體的保存，以及死者靈魂的召喚，無論是神話或宗教，召喚靈魂方面都是無分軒輊的。在人類的文化中，我們無從嚴格區分神話與宗教。換言之，宗教並非始自神話結束之時。可以說神話一開始便是一種潛在的宗教（Myth is from its very beginning potential religion）。

哲學家以爲宗教是由於人類的依賴性而產生的：舒萊業馬赫（F. E. D. Schleirmacher 1768-1834）指出「宗教產生自人類對神聖事物的絕對依賴性」。英國人類學家傅拉哲（James G. Frazer 1854-1941）則說：

> 宗教的開始是由於人們略微得知一種超人力量的存在。人們在知識增長之後，反而更深刻體認到自己的無助，以及自己對神明的依賴。早期逍遙自在的行爲，變成對莫測高深

的神祕力量之匍匐膜拜。

他更認爲巫術終止之處，即爲宗教開始之時。

3. 宗教的性質

宗教是一種信仰與儀式的模式，藉此人們企圖和他們普遍經驗的世界（現世）之後的來世相通，或者希望獲得有關來世的靈性感受。一般說來，宗教以「終極」或「絕對」爲中心，但許多信徒都以「神」爲重心。宗教不僅是對最終的關懷，也是對人類起始的探索。由是最終者與最先者（第一根源）遂結合成一體。

由於人類對最先者與最終者的看法不同，因此也就有不同的宗教之產生，這主要可分爲內在於現世和超越現世這兩大類別，這是靠最先者與最終者內在於世界，或超越於世界而定的。印度教、佛教、道教、以及儒家學說是屬於前者；反之，猶太教、基督教、伊斯蘭教則屬於後者。最後這三種宗教都主張一神論（monotheism）。至於主張宇宙的根源不只一個，而係眾多的，即多神論（polytheism）。有人崇拜位格化的自然力量，像把神像視同爲神本身就是偶像崇拜；把物體視爲具有神祕力量，而予以位格式的崇拜，則爲拜物教

（fetishism）。【4】

一般地說，宗教感情涉及一種神聖、敬畏和奧祕的意識。宗教感情的最強烈時刻可由對神聖事物的「神妙者」（numinous）感受所引起，該字是二十世紀德國宗教歷史學家奧托（Rudolf Otto 1869-1937）根據拉丁字*numen*（意思就是靈）創造的。在宗教的許多階段，對悟力的神祕追求，以及在心中發現神的存在是很重要的。無論是對外在力量的依賴意識，或是在內心探求意義，都涉及與神聖之物，或與神相通的靈性感受。這種靈性感受使信徒們獲得力量來應付生活中的艱困危險的境遇。大多數宗教的目的都在於與那些明顯控制人生活之人類以外的力量相通。

4. 宗教的主題

世界上大多數的宗教內總有一些共同的主題或內容。然而不同教派的成員，甚而同一教派中的成員，都會以不同的角度，或有時看來自相矛盾、截然對立的觀點來探討這些共同的主題。

有神論者相信，神是一位具有神聖情感或人格的神，因此他們可能強調《聖經》舊約中的耶和華（Jehovah, YHWH），或印度女神時母（Kali）對弱小、罪孽深重者令人恐懼的憤怒，也可能讚美阿拉的慈悲，或佛陀的憐憫，或以「愛」來描述基督教的上帝。然而據許多神祕主義者說，神乃是一種存在人內心深處，不具人格、不可解釋的感受或意識。有神論者關於人必定對一位具有人格、有回應之神溝通之信仰，與神祕論者的概念相牴觸；神祕主義者認為，不具人格的神超乎人類概念之上，不能以言語加以描述。

救贖或來世的共同信念，可能採取印度人相信靈魂可以化身（重生）的形式而生生不息，亦即生命的輪迴；或可能採取另一種大不相同的形式，即來世接受神的審判。

為使各界人士皆能皈依宗教，許多教團把崇尚精神的、少數優秀分子的、嚴肅的、迷思的宗教（往往要過修道院生活）與一般民眾教規較少的宗教加以嚴格區分，而一般民眾對宗教的虔誠則用慶祝典禮、崇拜儀式、禮敬偶像和其他手段加以提高。

部分宗教改革家與先知反對上述人民表達宗教熱忱的方法，尤其在西方，企圖迎合全體人民需要的一般或全國性教派，與獻身於純潔宗教情感表達方式的少數人教派間，產生了相當緊張的關係。

大多數宗教團體都有領導機構，這些領導機構採取了兩種有時相互對立的組織形式。其中一種組織形式強調受過訓練的教會組織專家——僧侶、牧師、教區管理人員、神學家和法律學者；另一種則強調先知或具有神聖能力的人物，他們認為自己受命於天，為某種內在宗教經驗泉源所驅使。牧師與先知的差別即在於涉及不同的權力概念。有些宗教強調神的原初啓示——如《吠陀》、《聖經》、《可蘭經》——的權威，並認爲人將依靠神獲得救贖。其他宗教——如佛教和儒教——更強調人的主動精神，並教導那些無助的人獲得啓迪或永生。

宗教的基本態度是信、望、愛；因此宗教生活以祈禱爲要務，人在祈禱中與神建立起位格間的關係。祈禱以崇拜爲第一義，也就是虔敬俯伏在神的無限崇高及絕對榮耀之下。崇拜最莊嚴的外在表示乃是祭祀：人在祭祀中把一件自己所珍視的禮品獻給神作爲獻身的象徵；爲了表示獻身是絕對而無可反悔的，往往把祭品焚毀。感恩很自然地跟隨著崇拜而來；人一再經驗到自身力量的限度，因此也感到求恩的需要，如密宗的灌頂儀式。眞正的宗教生活不僅是內心的，也必須表現於外在行動；對人的仁愛即宗教生活的果實和徵驗。由於對神的密切關係，道德生活有了內心的基礎，不會只以家庭、朋友等小圈子的利害關係爲準則，更不會一味依賴社會的獎懲。[5]由是可知宗教的信仰與實踐，對人群道德生活、魂裡生活起著很大的作用。

◆註釋◆

【1】 Watson 2005, *ibid.*, pp.105-106.

【2】 參考任繼愈主編，一九八一，《宗教辭典》，上海：辭書出版社，頁七一二。

【3】 任繼愈，前揭書，頁七一二—七一三。

【4】 布魯格編著，項退結編譯，一九八八，《西洋哲學辭典》，台北：國立編譯館，第二版，頁三一五。

【5】 布魯格，前揭書，頁三一五—三六〇。

第五章 藝術與美學

一、藝術

1. 藝術與美術

藝術的英文字art來自於拉丁文*ars*，是手藝、工藝、技巧、技術的意思，是以特殊的知識和技巧完成某些作品的行爲，亦即依照美的原則產生藝術品的本領，包括了藝術與技藝。Arts現引申爲包括文學、詩詞、戲劇、音樂、舞蹈、美術在內的廣義之概念，範圍爲之擴大。

中國古代所謂「百工技藝」，也是包括同樣廣泛的範圍。在古代，無論東方或西方，都只有「工藝」、「手藝」這樣的概念，在中國古籍上只有「繪繢之事」、「刻削之道」、「刻鏤之術」、「錦鏽文采」等工藝術語的運用，卻未見類似「美術」這樣的專門名詞，這是因爲人類的美感意識，是首先從滿足生存需求的工藝品萌生的緣故。

在歐洲，「藝術」和「美術」這兩個概念，直到文藝復興時代才確立，並被公認。那時人們開始意識到創造純粹精神領域的產物，足以使人激昂精神、開闊胸襟，達到互相同情、增強意志、建立信念的目的。這類思想意識的活動，是人文主義發展的一種重要表現，是人的主體意識的發揚，它涉及到藝術的不同領域和形態，這就是我們現在已經大規模擴展開來的文學、藝術各門各類，其中包括美術。

這種精神產品，從物質提升，和物質相輔而行，成爲全面滋養人們心靈所不可缺少的營養。人類依靠它陶冶情懷，並協同各門各類的科學認識世界，普及教育，開拓文明，同時起著組織和協調社會成員的意志和行爲的作用，文明的發展是和藝術的創造分不開的，藝術是精神文明的重要與鮮明的標誌之一。

歐美拉丁語系國家，art 既作「藝術」解，又作「美術」解。在中國，蔡元培早期運用「美術」這個術語時，也包括詩歌和音樂。其後，中國的文藝界、教育界把「美術」和「藝術」的概念逐漸區分開來，「藝術」是一切藝術門類的總稱，它是用不同形象化手段來反映自然和表達社會意識的一門大學科，廣義上包羅文學、音樂等，也包括建築和園林設計等。

綜合性藝術有戲劇、電影、曲藝、雜技等，它們不同程度地利用美術，有的和美術密切結合。「美術」作爲「藝術」的一個門類，必然與姐妹藝術有共通性，但它的藝術形態具有鮮明的特徵。它和姐妹藝術結合時，相當地豐富了藝術表現力，在一定的社會發展條件下，美術甚至可以和科技相結合（像電腦音樂、電腦繪畫等），派生出藝術的新品種。

藝術是人的本領對外界事物改變，而使其產生了美的感受。藝術是人對世界進行精神掌握的特殊方式。通過塑造形象和聲音具體地反映社會生活、自然演變，和人心感受的一種表述方式（mode of expression）。為了滿足人們精神需要與審美要求，藝術又是人們用語言、音調、表演、造型等手段塑造外界的意識形態。藝術形象是藝術反映美感的手段，對美的塑造與追求是藝術內在的靈魂。藝術的美並非自然美的重複，也不只是它忠實的寫照。藝術的特質在以全新的深度和力量照射出觀念來，而且在作品中反映出人存在的祕密。因此，藝術最高的使命不在製造事物，而是表現觀念。藝術家是一位創造者，他（她）能夠把其所透視的觀念在其作品上表達出來。透視與創作對他（她）而言是同一件事。

藝術在本質上要求感覺直觀，藝術的各種形式就是感覺直觀的語言，而美的本身則未必需要感覺的表達。藝術家與欣賞者都不應該只看到美的感覺形式，凡是沒有直接進入感覺形式所顯示奧祕的人，都沒有抓住藝術的眞諦。

藝術發源於日常生活，又與政治思想、法治觀念、經濟活動、道德意識等其他社會制度與意識相互影響、相互滲透。藝術風格常隨時代、社會而變動，可以說是受歷史的塑造，也能夠掌握歷史的脈動之精神活動。[1]根據馬克思的理解，藝術是在人類社會的生產實踐活動中產生的，最初的藝術有音樂、舞蹈和詩歌，隨著人類物質和精神財富的積累，藝術的門類日益增多、內容日益豐富。

2. 視覺藝術

藝術一詞在現代西方一般通用的名義是指美術而言，亦即所謂的視覺藝術（visual art）。

視覺藝術可以分為繪畫、雕塑與建築三個主要類別。繪畫是造型藝術之一，通過線條、色彩、明暗、透視、構圖等造型要素，在紙、紡織品、木板、牆壁等平面上，創造出直接可感的，具有一定形式、體積、質感和空間感的藝術形象。平面藝術：木刻版畫、蝕刻版畫、雕版畫、直刻版畫和石版印刷版畫，廣義上也屬繪畫。線條、形式或形狀、色彩、空間和明暗是視覺藝術的基本要素。在每一種特定的藝術形式中，某些要素會比其他要素重要，例如色彩對繪畫家就遠比建築師重要。

雕塑是以雕、刻、塑等製作方法在各種材料上塑造出可視而又可觸的立體形象。雕有石雕、木雕；塑則泥塑，鑄則有銅鑄、鐵鑄。浮雕是介於平面繪畫與立體雕塑之間具有背景的雕塑形式。

建築則為實用與審美結合的一種造形藝術。它利用特殊的物質材料與技術手段，透過空間的組合、體積、尺度、比例、質感、色彩、韻律等建築要件，以及特殊的象徵手法，構成一個豐富複雜的形成體系，創造出某種意境、來滿足居住者或使用者對舒適、方便、歡悅的追求。

3. 音樂

音樂是憑藉聲波振動而存在、在時間中展現，透過人類聽覺器官而引起各種情緒反應和情感體驗的藝術門類。從社會學的角度來看，音樂是人類所創造的諸多文化現象之一；人類早期的音樂活動是混合性社會文化現象的一個要素，到人類進入階級社會以後，音樂又同時是社會意識形態之一。

在中國，春秋戰國以前，「音」和「樂」兩個詞一直是分別使用的。在古漢語中，把聲、音、樂分爲三個層次。按中國古代音樂理論專著《樂記》的說法：「感於物而動，故形於聲。聲相應，故生變，變成方，謂之音。比音而樂之，及干戚羽旄，謂之樂。」可見「聲」泛指一切聲音，古代又稱之爲天籟、地籟、人籟等，其中包括各種聲響；「音」特指有秩序、有條理、有組織的聲音，相當於由樂音綴合而成的音調、曲調、音響組合等；至於「樂」，在上古時代指的是詩歌、音樂、舞蹈三種因素混爲一體，尚未分化的藝術活動，孔子時代作爲教育必修科目「六藝」（禮、樂、射、御、書、數）之一的「樂」，就是這種混生性的藝術活動。

中國古籍上第一次出現「音樂」一詞，是在《呂氏春秋．大樂》篇中：「音樂之所由來者遠矣：生於度量，本於太一」。此後，「音樂」一詞逐漸取代原先「音」一詞的地位，用以指稱音樂這一藝術門類。而「音」一詞的涵義則逐漸變窄，僅指有確定音色高低的樂音（例如「五音」）。到後來，「樂」一詞才作爲「音樂」一詞的簡稱而用來指稱音樂。

在歐洲，拉丁文中音樂一詞*musica*，起源於希臘神話中掌管文藝、科學的女神繆斯（Muse）的名字，它的涵義不像漢語中「音樂」一詞那麼明確。但是希臘神話中繆斯的職責是侍奉太陽神阿波羅，從這點看，借用繆斯的名字來轉述音樂這一語義演化中，隱含著一種象徵性的寓意：讚譽音樂令人心曠神怡的功能，並賦予它以高貴純潔的形象。

4. 舞蹈

舞蹈係指身體在賦予的空間裡所產生有節奏性的連續性動作。人們藉以表達情感思想，散發多餘精力，也是快樂的來源之一。

舞蹈的歷史至少與人類一樣久遠。事實上，有些學者指出，某些鳥類及動物會在有限的範圍內，本能的從事有節奏的表演動作（例如在交配之前），我們或許可以稱這些動作爲「舞蹈」。早期人類對節奏本能的辨別力，或多或少由有知覺的舞蹈動作中表現出來，這往往是模仿動物動作的結果。他們發現這是一條通往歡樂與精力充沛的途徑：透過這一途徑，他們不但可以表達對生活中最重要的事件之感念，而且可與肉眼看不到的精神世界溝通。

原始時代的舞蹈是直接維繫部落繁榮與福祉的一個重要活動。當時人們藉著舞蹈來慶祝生命的誕生、疾病的痊癒及對死亡的哀悼，並爲豐富的獵收、充足的雨量、或戰爭的勝利而祈禱。

當較複雜的農業與畜牧社會開始發展時，舞蹈也逐漸與宗教及巫術分開，而與娛樂活動及社會關係的經營較有關聯。於是原始舞蹈就發展成土風舞，其中包括了孩子們的遊戲舞蹈及成人們求愛的舞蹈。

當土風舞被西方都市中心的上流階層接受後，即轉變成西方社會最具特色的社交舞。雖然土風舞與社交舞早已失去原始舞蹈原來形成目的之嚴肅性，但仍保留了其儀式形式呈現目的之本貌，同時也增加了舞蹈技巧與風格上的精緻性和多樣化。

高文明的複雜社會發展了所謂的「劇場舞蹈」：舞者必須經過專業的訓練，再將其舞技呈現於觀眾面前。劇場舞蹈所強調的是風格、優雅與技巧。

在西方社會，人們往往可以從一位獨具天賦的舞者或編舞者的表現，而對劇場舞蹈留下深刻的印象。然而，這種舞蹈仍保有儀式主義目的的基礎。例如古典希臘劇場舞蹈以及印度寺廟舞蹈，這些民族舞蹈皆具宗教本質，而且與宗教祭祀及禮拜天神們的事務有關聯。甚至西方芭蕾舞及所謂的「現代舞」這些相當具世俗型態的劇場舞蹈，也常把原始時代的儀式作爲他們舞蹈的靈感來源。

二、美學

1. 概論

美學（esthetics, aethetics）源於希臘文*aisthesis*，意爲感覺（sensation），不過不是所有的感覺，而是美的感受。美學之所以成爲一門學問是德國美學家鮑姆加騰（Alexander Baumgarten 1714–1758）引進的，他的專著《美學》（1750）認爲，相對於研究知性認識的邏輯，應有專門研究感性認識，即審美的科學。此後，美學正式成爲一門獨立的學科。

但迄於今日，美學並無公認的定義。最常見的說法是，美學是研究美的學問。黑格爾認爲美學是藝術哲學；前蘇聯有一種觀點認爲，美學著重研究人對現實的審美關係；義大利美學家克羅齊（Benedetto Croce 1866-1952）認爲美學是個體在幻想中直覺的表現；還有人認爲美學是批評學之原始，美學是有關審美經驗的價值論。在台海兩岸和許多國家與地區一樣，在「什麼是美學」的問題上，存在著不同觀點、理論和爭辯。

撇開美學的定義，具體觀察美學的對象、範圍和問題，則可以看到，自古至今美學大體不外下列三個方面：關於美和藝術的哲學探討，關於藝術批評、藝術理論一般原則的社會學探討和關於審美與藝術經驗的心理學探討。

2. 美的哲學

研究、探討在歷史上和邏輯上經常構成美學的基礎部分究竟是什麼？它包括美是什麼、藝術是什麼、自然美的本質、眞善美的關係等問題的思辨或分析。例如，柏拉圖認爲美不是某個具體的、美的女人，或者是美的瓶罐，美應該是使所有美的事物成爲美的那種東西和性質，即美是理式、是理念、是原型。又如，狄德羅（Denis Diderot 1713-1784）認爲美是關係，黑格爾認爲美是理念的感性顯現。分析哲學則認爲美學在於分析文藝批評中所使用的概念、語彙和陳述，澄清它們的含意，如「藝術」一詞究竟是什麼意思，有多少不同的用法等等。

諸如此類，都可以說屬於哲學的美學。這種美學經常作爲某種哲學體系或哲學理論的分支或組成部分。例如，康德（Immanuel Kant 1724-1804）的美學是他的批判哲學的一個方面，杜威的美學是他實用主義哲學的重要引申。馬克思主義的美學是馬克思主義哲學的一個重要組成部分。

除去分析哲學的說法之外，對古往今來頗爲繁多的有關美的哲學理論作一般性的概括，則大體可以分爲客觀論、主觀論、主客觀統一論三種。

(1) 客觀論

客觀論認爲美在於物質對象的自然屬性或規律，如事物的某種比例、秩序、和諧、有機統一以及典型等等。這是唯物論的美學。客觀論主張美在於對象體現某種客觀的精神、理式，這是客觀唯心論的美學。

(2) 主觀論

主觀論有許多種類和派別，但它們都認爲美在於對象呈現了人的主觀情感、觀念、意識、心理、慾望、快樂等等，美是由人的美感、感情、感覺等所創造，這是主觀唯心論的美學。主觀論有不少理論強調表現、移入、體現情感和精神必須有物質載體或對象，在這種意義上這種主觀論是主客觀統一論，但產生美的能動的一方仍是主體的精神、心理，所以仍屬主觀唯心論的範圍。

(3) 主客觀統一論

這種理論認爲美是作爲主體的人類社會實踐作用於各種現實世界的結果和產物。這就是馬克思所講的「自然的人化」。因爲人類社會實踐是客觀的物質現實活動，所以這種主客觀統一論既是客觀論，又是唯物論。不過，這派理論也遭到前述的自然唯物論者的反對和批評，他們否認「自然的人化」與美有關。

總之，對美的問題的哲學探討最終不外三個方向或三種線索，或者從人的意識、心理、精神中，或者從物質的自然形式、屬性中，或者從人類實踐活動中來尋求美的根源和本質。美的本質問題在當代西方較少討論，一些人認爲這種研討缺乏意義或不可能解決，在中國卻仍是一個爲許多學者和人們極感興趣的重要問題，認爲美學學科本來就不能，也不應迴避或抹殺這種有關根本理論的探討。

3. 美的社會學分析

美學的第二個方面是有關藝術原理的一般研究，西方從亞理士多德的《詩學》起，中國至遲從《樂記》開始，對戲劇、音樂乃至於對整個藝術提出了比較有系統的理論觀點，對後世產生了持久的影響。此後，有更多樣和更爲系統的有關藝術原理的學說和著作。其中各門藝術共同性的一般原理，如什麼是藝術的本質特徵，藝術與社會歷史的聯繫，藝術與現實的關係，藝術中形式與內容的關係等等，構成了美學研究的重要方面。但儘管如此，至今關於什麼是藝術、什麼算是藝術作品這些似乎是最簡單的問題，仍無一致的看法或明確的界定。

最廣義的說法之一是，一切非自然的人工作品都是藝術品；一般觀點是把藝術品侷限在專供觀賞的作品範圍內，稱爲美的藝術。現代科技工藝的發達愈來愈明顯地表明，大量供群眾消費的日常實用物品，如房屋、傢俱、衣裳到各種什物裝飾等等，生產工作生產過程，包括場地、環境、機器自身以及工作節奏、生活韻律等等，都具有審美性能和藝術因素。即使是神廟建築、宗教雕塑、教堂音樂種種今日看來似乎是專供觀賞的藝術作品，在當時也都是以其明確的宗教、倫理、政治等內容和實用目的爲主要價值的。由此又產生了另一種觀點，認爲不管是專供觀賞的對象，或者是附著在物質生活、精神生活及其實用物品之上的形式或外觀，作爲藝術或藝術作品，其共同的特徵是直接訴諸或引起人們的精神活動。藝術作品以某種人爲的物質載體訴諸人的感性經驗，包括視、聽、接觸、身和表象，直接影響著人們的心理和精神。

4. 美的心理

美學以其研究藝術和日常經驗中的審美特徵而日漸成爲獨立的學科，對審美經驗的心理學研究稱爲審美心理學或稱文藝心理學。[2]它構成美學的第三個方面。

在古代許多談及藝術的美學理論中，包括有許多關於藝術的審美經驗、審美心理的現象描述和理論說明。亞理士多德《詩學》中的淨化說、《樂記》中講「樂從中出」、「感於物而動於心」等等，便是對藝術的審美心理及功能的初步探討。十八世紀英國經驗學派美學，特別是德國康德美學，把審美的心理特徵明顯地突出出來。十九世紀中葉德國生理學家、哲學家費希納（Gustav Fechner 1801-1887）提出「自上而下的美學」（哲學美學）

和「自下而上的美學」（心理學美學）的著名說法以後，審美心理學日益佔據美學的中心，成為近代美學的主體部分。對審美經驗、審美心理的研究，幾乎成為美學區別於其他學科以及區別於一般藝術學的基本標記。

關於審美經驗，大體上有二種意見：

(1)獨特的審美觀

認為有不同於其他經驗甚至與其他經驗毫無關係的獨特的審美情感，持這種意見的有貝爾（Clive Bell 1881-1964）、和傅萊（Roger Frey 1886-1934）。貝爾認為每一次美的出現都代表一種特殊的、重要的形式，含有溝通的意思。傅萊則強調「美的情緒」之獨特性。

(2)美感與經驗的結合

認為並沒有這種獨特的審美情感，審美經驗不過是日常生活中各種普遍經驗的「完善化」、「組織化」或經驗刺激的中和、均衡。持這種意見的有杜威、李察德茲（I. A. Richards 1893-1979），特別是李察德茲認為美感是藝術家情緒與意向的表示，而非知性的描述。杜威則在經驗中尋找藝術，經驗可分成兩種，一爲工具性的，另一爲消費性的。藝術是屬於後者。

很多人採取中庸態度，認爲可以存有性質上不同於其他生活經驗的審美經驗，但這種經驗與日常生活經驗並不處於隔絕或對立的狀態，而且常常是緊相關連著的。

關於審美經驗與日常生活經驗如何相關連的問題，至今還談不上有嚴格心理學的科學分析。對審美經驗的眞正心理學意義上的實證研究始於實驗美學。這就是用各種不同顏色、線條、形狀、聲音，對一些人作實驗、記錄反應、統計結果，但是把各種形式因素孤立地抽離出來以測量不同反應的實驗方法，不可能得出什麼科學的結論。在實際生活和藝術作品中，任何形式因素都是在與許多其他因素極爲錯綜複雜的緊密聯繫和滲透中訴諸人們，而引起審美感受的。所以，這種實驗美學雖曾流行一時，但很快就爲多數人所捨棄。

佛洛伊德（Sigmund Freud 1856-1939）精神分析心理學是當代西方流行的理論。它直接踏進了美學領域，佛洛伊德本人寫過《達文西》（1910）等論著。他認爲藝術深植於人內心的欲望和驅力，包括生與死、性與罪。透過壓抑與昇華，藝術家藉材料來表現他的意識。經過改變了的材料，藝術品對欣賞者產生吸引力。他的有關藝術是慾望在想像中的滿足之類的見解爲許多美學家、文藝批評家所接受。精神分析學派在探討慾望、本能由於受到社會壓制而在藝術中無意識地呈現，有如在夢中呈現一樣，這一點有某些事實根據，但佛洛伊德似乎有點誇張了性慾，把許多著名藝術作品，解釋成童年性慾的表徵，完全抹殺其社會現實的眞實內容，並把藝術作品都看作性慾的昇華，也很難提供美學上的批評標準以區分優劣。

與佛洛伊德同樣有影響的是榮格（C. G. Jung 1875-1961）的集體無意識理論。它認爲，在不同時代、社會的藝術作品中，反覆出現的主題乃是各民族史前時代所形成的某種集體無意識原型觀念，人們因被喚醒這種沉睡在心中的集體無意識原型而得到審美的愉悅。這一理論比佛洛伊德更重視歷史的社會因素，推動了對禮儀、神話、民俗與藝術之間關係的研討，對深入瞭解審美心理的社會根源有一定啓發，但榮格的理論實質上充滿著神祕主義，並且有宗教的傾向。

研究審美態度的意義在於，揭示藝術創作和日常欣賞中主觀心理的巨大能動特徵，從而擴大人們審美的眼界和欣賞的範圍，於醜怪中識光華，在平凡中見偉大，確認審美不是消極的反映、被動的靜觀，而是主體主動地投入自己全部心理功能，包括知覺、想像、情感、理解、意向等各種心理因素的積極活動的高級精神成果。

然而，這種審美態度以及審美經驗、審美心理的具體身心狀態和過程究竟是怎樣的，是否可以和如何來作出定性以至定量的嚴格之科學分析，它與日常經驗和心理活動，它與社會、時代、階級、民族、集團、個性的內在外在關係又如何等等，都仍然是一系列遠未解決的課題。這些課題極端複雜，涉及了多種學科，諸如生理學、社會心理學、信息論等等，估計在近時期內還很難以真正解決。

◆註釋◆

【1】布魯格編註，項退結編譯，一九八八，《西洋著學辭典》，台北：國立編譯館，第二版，頁二二一—二二一。

【2】參考朱光潛，一九八〇，《文藝心理學》，香港：開明書店。

第六章　語言與文學

一、語言

1. 定義

廣義的語言，包括人類、動物和機器從事溝通的媒介。這種溝通不限於口述的（verbal），也包括非口述的（non-verbal）。不過狹義的語言仍限於人類使用的溝通手段。是故語言是社會的成員當作相互理解和交際溝通的工具，當作傳情達意、意識的現實存在與人類文化的基本要素之符號系統。這是人類有異於其他動物，經由漫長的歷史發展過程中代代相傳的溝通手段，也是人類各種文化中最基本的形式。其重要特徵爲無限豐富和不斷創新。語言是隨社會的產生而產生的，也爲社會共同體的存在而存在的。

語言和社會生活的各方面關係密切，因之只有在社會中，並且聯繫到社會的具體情境才能理解語言的性質與功能。

隨著社會風俗、習慣、文化、國情的不同，世上也就呈現各種各樣的語言。馬克思是把語言當成活生生的個人的社會意識之一部分來看待。個人在勞動與繁殖中不斷地「自我產生」，而其「眞實的意識」則透過震動的空氣氛圍與聲波、音調，而以語言的型態出現。因之，「語言同意識一樣的長久出現，在人類的生成發展歷史上」。「語言是對別人如同對自己確實存在的、實用的、眞實的意識，就像意識一般。語言產自於人的需要，出於必須與他人溝通的需要」。[1]語言是眞實的意識；反之，意識形態則爲扭曲的、虛僞的意識。在這裡我們看出馬克思的理念、概念、意識，亦即人眞實生活的語言，看成爲人類物質生產活動的產品，也是人類物質交易活動的產品。[2]

能利用（或說或寫的）言辭來表達思想或事件的能力，是一般正常人類所獨具，而爲其他物種所沒有的。就最基本而言，它是思想、概念或意象與語言的連續，亦是創造與理解循環重複之語言的能力。語言最基本的目的是在人際間的溝通。一個人藉著自然的人類語言告訴另一個人內心的想法，正說明了語言的定義。當然，「語言」一詞亦指該（或說或寫）能力的產物。

不管是使用母語以外的他種語言（方言、外語），語言都不是個人的創造物而是社會成員之間約定俗成的產品。因爲語言是個人社會化，亦即把社會內化於其本身之中，在學習過程中獲得的能力，所以又稱爲自然語言。由口頭語言轉化爲可資記錄，形成文字的書面語言，亦即文字，可以突破時空的囿限，而擴大溝通的範圍。

除了自然語言之外，尚有人工語言，這是指人們有意識創造文化的符號系統而言，如數學、化學、物理、電腦等數字、符號等等。每個符號都由語音和語義兩個要素構成。符號的組合與使用都遵循相當的語法規律。人工語言是在自然語言的基礎之上，因應科學統一名詞與避免歧異的要求而發明的，它標誌了人類心智與文明進步的程度。

至於近年來出現的「火星文」、「土星文」、「圖文字」，係以一社會的次級體系所約定成俗的符號與溝通體系，有時此種語言、符號系統甚至能被納入正規的語言符號體系中，而融入體系龐雜，卻又不失語言之生機性。

研究語言的社會與文化功能，以及語言的結構爲社會語言學（sociolinguistics），這是由語言學家、社會學家、人類學家、心理學家和哲學家共同營造的新學問。

涂爾幹如同馬克思一樣也強調語言是一種社會現象。語言對個人所施的壓力就如同社會其他的規範一樣。因之，語言的存在，證明了人身之外社會的存在。涂爾幹的學生梅列（Antonie Meillet 1866-1936），是奠立語言社會學的先驅之一，他批評了德國語言學者溫德（Wilhelm Wundt 1832-1920）以心理學的方式來詮釋語言。原因是語調和語意的改變，受個人心理因素影響者少，受群體影響者多。語言具有雙重的性格，一方面是社會的產物，是透過溝通成爲人們社會關係的「工具」；另一方面語言又是「社會認識的形成」，這種認識不只在溝通，還創造了認識的條件。

2. 起源

人類語言起源的問題，本來是十八與十九世紀初期哲學家研究的主要課題，不過後來語言學演變成一項實證的科學，比較語言學家認爲這是一個無從解答的問題而將之擱置下來。此後，由於我們對腦部發育過程瞭解更多，語言學研究領域擴展到心智現象，語言起源的問題又再度出現。

最初對語言起源的推論是根據人們的想像——想像當初語音是如何與事物、思想發生有意義的聯結。古代語言與神話接近，難分難解。繆勒（Max Müller 1823-1920）視神話爲語言的副產品。語言本質上爲比喻的（metaphorical）：無法把實物或實狀徹底描寫說明，故只能用比擬的，間接的描述方式。利用魔咒來呼風喚雨的神祕字眼，終於被具有功能性作用的語言所取代。話（word）能去掉魅力（magical power），而披上語意學上的功能（semantic）就成爲「理念」、「道」（logos）。古希臘赫拉克里圖（Heraclitus 540-480 B.C.）認爲人必須先瞭解語言的意義，然後才能瞭解宇宙的意義。「理念」或「道」爲宇宙第一原則。古希臘的思想是從自然哲學邁向語言哲學。

普羅塔哥拉斯與赫拉克里圖兩人持不同意見，認爲要解釋語言，不能靠形而上學的

「理念」，而應回歸到人身上，因之主張「人爲萬物的尺度」。不只物理、不只形而上學（後設物理、超越物理）的現象來解釋語言，而視語言爲人類獨有的溝通工具。

詭辯學派注重修辭學，認爲名稱（詞）不在表述萬物的本質，而是在激發人們的情緒，促成人們付諸行動。語言經歷了神話、形而上學和實用三個發展階段。德謨克里圖（Democritus 460-370 B.C.）主張，語言是人類感情驚嘆、宣洩的無意間表述。換言之，他提出了語言的驚嘆理論（interjectional theory of language）。以上古希臘哲學家對語言的探討就是語言演變的進化說。

如果「個體發生學概述了種系發生史」（亦即個體的發展說明了物種的進化過程）這個理論，對語言和人類其他方面的發展而言亦可成立的話，那麼，對一個孩童如何獲得語言能力瞭解的愈多，就愈能對人類語言的起源提出更精確的假設。這個問題目前已是語言學家、心理學家及腦部研究的學者所致力研究的目標。

3. 語言的習得

語言學家和心理學家已發現正常的語言習慣有相當固定的學習階段。嬰兒出生後約三個月大就開始牙牙學語。到了快滿週歲，開始會說一些單詞，這些單詞的意義其實就等於詞組或子句。例如幼兒可能會以「車」，來表示「我看到一輛車」、「我剛剛在坐車」、「我們上車吧！」諸如此類的意義。到兩歲時，開始像「發電報文」那樣會說一些由二、三個單詞所構成的詞組，已能使用極簡單而精確的句法。在這幾個階段中幼兒也逐漸在掌握發音和語調。而且這些階段的發展與其抽象概念的建立，是互相關聯的。

　　最後由大腦功能局部化的研究看來，語言之習得甚至和語言之起源都有所關聯。人類的腦部與其他猿類的差異在於其大腦的左半球容量較大且較發達。雖然有關語意、語法及音調等方面的功能是同時爲兩個半球所控制，但右半球主要統攝具體事物的瞭解，而左半球則主宰抽象概念的理解，因而後者乃成爲人類的語言中樞。約青春時期，個人的腦部主控機能已建立，因而逐漸失去幼兒期很容易且快速學習語言的能力。

　　一旦這些研究完成與融貫之後，將可揭開語言創源的迷霧，同時印證二十世紀美國語言學家詹斯基（Noam Chomsky 1928- ）的假說——在某種程度上語言可視爲人類獨有的天賦。

　　詹斯基在其著作《語意結構》（*Syntactic Structures*, 1957）一書中指出，所有的人類都具有學習語言的能力。雖然有些人因爲腦部受傷，或是出生爲低能兒而妨礙了學習與使用語言的能力。嬰兒出世之時，其本身便擁有內在的、與生俱來的、生物性之計畫

（programmes）。這種本能的計畫懂得怎樣來結構其後習得的語言。這包括了三種方式，其最後一種的方式爲能夠產生複雜的「轉換式文法」（transformational grammar），亦即把自然語言中無數的語句做不同的表述。

就在詹氏《語意結構》出版的一九五七年，哈佛大學史金納（B.F. Skinner 1904-1990），也出版了《口述行爲》（*Verbal Behavior*）。史氏以行爲主義者的觀點解釋人們如何獲取語言，其解釋的方式和詹斯基大爲不同。認爲語言是嬰孩時代，幼兒透過日常的活動學習而得，詹氏反對這種幼兒學習語言說，而主張嬰孩必須在出生之時已擁有學習語言的本能（計畫），亦即對語言的結構有認識與接受的本能，其後才能逐步學習，而掌握到語言的功能。

有人主張小孩能夠習得複雜語言結構，既非與生俱來的語言計畫之本能，也非後天從行爲中學習而得，而是由於嬰兒所具有自然的、天生的智慧（natural intelligence）。這種智慧表現在跨國親子關係上，被收養的孩子能夠學習義父義母的語言，亦即能夠同時習得多國的語言。

4. 語言的特質

語言除了是人們溝通交流的工具，更是思想、思維的手段。此外，語言是一套符號系統，這是十九世紀末與二十世紀初葉瑞士語言學家索緒爾（Ferdinand de Saussure 1857-1913）所強調的，他促成了符號學（semiology）和結構主義（structurialism）的誕生。他認爲語言就是一套符號的系統（system of signs），人們要傳情達意就必須依賴聲音或字畫，這些聲音、文字、手勢、圖像等都是約定俗成的規則，是符號系統的構成部分。

符號是形示和概念的結合，包括能指（signifier）與所指（signified）。能指與所指是兩個獨立的實體，它們只能作爲符號的組成部分而存在。但能指與所指之間並沒有必然的關係，而是社群約定俗成的說法。譬如華人對一隻汪汪而吠的四足動物（所指），稱呼牠是狗（能指），英美人士則稱牠dog，德奧等人稱牠爲Hund，法國人叫牠爲chien。這些各國人士不同的稱謂，正是表示能指與所指之間因人因地而不同，其關係是隨意的、偶然的。這也就是說符號的任意性，表現在能指與所指任意的聯繫之上。

所指的東西通常是一個實物或一樁事實，也是一個概念。表面上看來語言是一大堆命名的集合體，但進一步考察我們發現語言的所指並不是預先存在的概念，而是暫時的、可以變化的概念（約定俗成的想法與命名），它是隨語言的發展而逐漸變化。既然能指與所指之間的關係是任意的，而所指的概念也非固定不變，則能指與所指之間都是純關係的，或是有區別性的實體。

語言既然自成一個符號系統，那麼它與實際的物體所形成的系統便明顯地區分開。換言之，要確定語言的單位，就必須把純關係的、抽象的單位和這些單位的實質體現區別開來，由是我們得知語言單位是形式，而非實質；是符號，而非實體。

索緒爾進一步分辨語言（*langue*）和言語（*parol*）的不同。前者可稱爲語言系統、語彙倉庫，後者則是實際的講話，是說話的行爲（**speech act**）。換言之，語言或語言系統是人在學習語言時所吸收的那種東西，是一套形式，或者說「透過語言實踐存放在某一社會集團全體成員中的寶庫，一個潛存在每個人腦子裡，或者說得更確切些，潛存在一群人的腦子裡的語法體系」。「語言是社會的產物，它的存在使每個人具有能夠運用語言的能力」。反之，言語是「語言的體現」，「說話的人利用語言規則表述它個人思想的各種組合」。亦即講話者選擇並組合言語中的要素（字彙、語言、聲調）把語音和語義表達出來。

區分語言和言語的目的主要分離出語言研究的對象。根據索緒爾的說法，語言學家主要的研究對象爲語言，或稱語言系統。在分析語言的時候，語言學家要做的不是去描寫言說行爲，而是要確定構成語言系統的單位及其組合規則。[3]

二、文學

1. 文學的定義

廣義的文學是指用語言文字記錄下來、具有社會意義之人的思維的一切作品；狹義的文學是指語言藝術。作爲專指語言藝術的「文學」，只是在近代、現代才被廣泛使用的。文學是一種特殊的藝術樣式。它以語言文字爲媒介和手段塑造藝術形象，反映現實生活，表現人們的精神世界，透過審美的方式發揮其多方面的社會作用。

同其他藝術形式相比，文學是透過訴諸讀者的審美想像力和創造力，使讀者在觀念中重建美的形象的藝術。它在把握、分析、評價生活等方面勝過其他藝術。文學是一種特殊的意識形態，它是透過揭示人的精神世界、描繪社會生活在人的靈魂中的影響和表現，進而對現實的社會生活作出反映並發生影響。

不同時代、不同社會、不同階級、不同民族的文學，通常表現出不同的特點，文學把人的生活、人的思想、感情、爭執和願望，當作認識和反映、描寫和表現的對象。

2. 文學的形式

文學是人類傳達情感、心靈，或智慧方面的訊息時，採用最具創造性與最普遍的方式之一。如同優美的音樂和美術一般，優美的文學具有想像力、有意義的表達，以及良好的表現形式與技法等特色。廣義的文學形式可分爲散文和詩，而在這些基本的分類裡，若針對風格、形式及目的等方面予以考量，則又存在著無數的類別，諸如小說、戲劇、短篇故事、論文、傳記、抒情詩、敘事詩及史詩等。

文學可以兼具教育性、報導性與娛樂性；表達個人的喜樂與悲愁；反映宗教的虔誠；對於國家或英雄的頌讚，或者用以鼓吹政治、社會或美學方面的種種特殊觀點。

現代大部分的文學都是以書寫與印刷的方式呈現，然而，口語式的文學也同樣具有悠久的歷史。口語文學可以追朔到更早，像在古希臘和中古時期的歐洲，旅遊的詩人便以吟頌作品來娛樂大眾。事實上，一些偉大的文學巨著，如荷馬的《伊里亞德》和《奧德賽》，也許就是以口語方式完成的作品。今天在民間文學裡仍保有口語的傳統、寓言、神話、故事和詩篇，便是藉由口耳相傳，而得以流傳下來。

某些像抒情詩之類的文學形式，所表達的幾乎都是個人的經驗，其目的在於供給個人閱讀和欣賞。其他諸如戲劇之類的文學形式，則是爲了在公開場合讓大眾欣賞與聆聽而創作。然而，所有偉大的文學作品，無論是出自個人，或者與他人共享的經驗，都希望藉由表達一般人熟悉的事物，以激發讀者深刻懇切的迴響。

3. 文學的發展

文學是隨著社會生活發展而發展的，具體地表現爲文學的內容和形式的歷史演變。文學作品是作家對一定時代的社會生活的審美反應。每當社會發展到了一個新的階段，就給文學提供了新的社會內容和新的表現對象。作家的審美意識也會隨時代變化而變化。因此，文學作品的內容總是隨著時代的發展而發展的。文學形式的發展，也離不開社會生活的發展，文學史上每一種新的文學形式的出現，都是在舊形式的基礎上，爲適應表現新的生活內容的需要，即爲適應社會生活發展的需要而產生的。

文學的發展，不但受社會歷史條件的制約和影響，而且還有自身繼承與革新的規律。同時，各民族的文學之間也會發生相互影響，各個時代的文學，都是在批判地繼承本民族的文學遺產，並吸收其他民族文學的影響的基礎上，根據反映現實生活的需要不斷地進行革新與創造而向前發展的。文學的發展也是人類社會發展的因素之一。

4. 文學的鑑賞

所謂鑑賞，是指讀者閱讀文學作品時的一種審美認識活動而言。讀者透過語言的媒介，獲得對文學作品塑造的藝術形象的具體感受和體驗，引起思想感情上的強烈反應，得到審美的享受，從而領略文學作品所包含的思想內容，這就是在進行文學鑑賞。

讀者懂得作品所使用的語言文字是進行文學鑑賞的前提，在閱讀過程中，讀者常常會產生一種藝術美感，不知不覺地被引入作品所展現的生活天地中，關心著作品中人物的命運和事件的發展，體驗著作品中抒發的感情和創造的意境，從而獲得對形象的具體、生動的感受。這就是文學鑑賞的感性認識階段。

在此基礎上，讀者又會進一步回憶、想像、聯想等思維活動，調動起自己頭腦中原有的生活印象、生活經驗，與作品中的形象互相聯繫、互相比較、互相補充，力圖理解形象所包含的意義，從而使自己的認識不斷深化，作出對形象的藝術鑑別和審美判斷。這就達到了文學鑑賞的理性認識階段。當然，文學鑑賞的這兩階段實際上是互相滲透著的。文學鑑賞是人類重要的精神活動之一。

5. 現代文學

現代文學受到科技文明求新求變，以及民主多元價值的影響，過於追求形式的新奇多變，其結果造成內容的繁瑣庸俗。當科技文明把人們「物化」之後，文學活動被迫脫離「人的藝術」之軌道。結果我們發現人的物質層面不斷膨脹，但其精神層面卻反而萎縮，舊本能已無法適應新刺激。在此一變化莫測、日新月異的世代中，文明氾濫、文雅消失；教育普及、禮貌消失；群眾興起、個人消失；都市擴展、田園消失；交通發達、地方色彩消失。人們渴求在混亂的情勢爲統一智慧的力量，卻受時空的侷限，看不到人類生活的遠景，也看不到生活的全貌。

二十世紀與二十一世紀文學眞正的困境有來自文學的本身，也有來自外部的壓力。文學本身方面首先涉及文學人才的流失，其原因爲一流人才投身於科研與專業致富的生涯，無心參與文學的創作與鑽研。其次，作家雖可以旅遊四海，卻欠缺深刻的生活體驗，其美感經驗的貧乏，刻骨銘心的體會之欠缺，自然無法創造出不朽的篇章。

二十世紀在文學上是個崇尚創造性的反叛，刻意求新、喜歡唱反調的世代，其結果是把「新的」與「眞的」神祕地混淆在一起。這一代的作品，如能浪得虛名，並不是內容感人，而是由於形式眩目的緣故。羅森柏格（Harold Rosenberg 1906-1978）指出：「喬哀思的作品是小說的批評，龐德的詩是詩的批評，畢卡索的畫是畫的批評。現代藝術也批評當前的文化。」這就叫做「高度智性的文學」。人們盡量創造嶄新的表達技巧和新奇的藝術形式，以取代飽滿充實、具強大震撼力的文學內容。於是文學的眞摯情感不見了。因爲當代作家以心靈上的撿破爛者自居，題材已沒有莊嚴與庸俗的區別，也無所謂重要的題材與平凡的題材之區別。文學心靈的虛空，創造活力的疲軟、生命銳氣的老化，乃至文學上唱反調者氣焰囂張，在在造成現代文學的困境。

當代文學所受外來的壓力，包括科技抬頭之後，人類對事實的盲目追求，迫使向來注重感性的文學誤入理性的崇奉。在追求進步的當代中，科技工業占上風。科學家肯定其方法精確、客觀、合理而有效。因爲它是實證的、經驗的，而實證科學是非個人的、客觀的、可以計量的，所以科學的「眞」遂凌越了文學的「美」。科學的世界觀之膨脹，轉變了人類的價值觀念，也動搖了人們的生活根基，人們開始過著緊張壓迫、危機頻現的生活。物質愈發達，心靈愈空虛。要之，科學無法治療現代人心靈的疏離、生活的落寞、時代的艱困。

暫時性（或移過渡性）、新奇性、多樣性造成現代社會物質取向、經濟掛帥、庸俗、膚淺與同質化、同型化、隨波逐流（conformity）的悲劇，這就是說科技陰影對文學創作、文學理論、文學批評所造成的負面作用。[4]

至於人口的爆炸、世局的巨變、資源的濫用、環境的惡化、和意識（宗教、政治、社會等的意識）的褪失，在在都使人文價值遭受嚴重的衝擊，從而使現代文學在人們的日常生活，特別是感性生活中扮演日漸式微的角色，這也是導致文學沒落的原因。

◆註釋◆

【1】Marx, Karl and Friedrich Engels 1976, *Collected Works*, Moscow: Progress Publishers, vol.5, p.44.

【2】*ibid.*, p.36.

【3】喬納森．卡勒（Culler, Jonathan）著，張景智譯，一九九二，《索緒爾》，台北：桂冠出版社，頁十—二二。

【4】趙滋蕃，一九八八，《文學原理》，台北，三民書局，頁三—一四。

第七章 哲學與倫理學

一、哲學

1. 定義

哲學這一名詞起源於希臘文*philos*（愛）和*sophia*（智慧）兩字之結合，是故爲愛智之學。首先使用這個名詞的哲學家爲畢達哥拉斯（Pythagoras 580-500 B.C.），他曾經指出，人類大體上可分爲三種不同嗜好的人：一種人愛好享樂；另外一種人愛好活動；第三種人愛好思考和智慧。追求智慧應當是人求取最高境界，亦即以人的救贖爲目的，這不失爲人進步的表現。哲學涉及世界的本質、人們的行爲和認識的途徑之探討。哲學是系統性、合理性和批判性的思維。

哲學會因時因地因人因事有不同的定義。有人反對爲哲學下定義。在西方思想史中，從古希臘開始，其他學科曾經長期依附在哲學之上，其後才與哲學分家獨立而成爲一門學科（例如數學）。十七世紀自然科學從哲學範圍中解放出來；十八世紀社會科學宣告獨立；心理學則遲至十九世紀才另立門戶。

在西洋漫長的哲學發展時期中，各家對哲學的定義和功能持各種不同的看法，值得我們略加介紹：

蘇格拉底（Socrates 470-399 B.C.）被視爲出身辯士學派，而又反對辯士學派的古希臘哲學大師。他認爲哲學的作用在於自知之明。至少他坦承自己所知甚少，甚至無知，他曾說「我所知道的的只有一件事，就是我什麼都不知道」。因此，他勸人要有自知之明。他以爲「不經查明的存活是不值得人們去追求的存活」。哲學的方法就是類同助產士協助知識嬰兒降生、反覆推敲、嚴密論證的方法。

對柏拉圖而言，哲學的對象爲發現實在（實相、實狀）也就是發現絕對的眞理，透過辯證關係，實相與眞理呈現同一之物。

亞理士多德認爲哲學開始於驚疑，是考察萬事萬物原因和原則的學科。在這一意謂下，哲學可以說是人類所有知識的總體。除了普遍之學的哲學之外，尚有第一哲學，那是指「神學」而言，「神學」是討論最終原因和最高原則的學問，包括對神的概念。

在古希臘三大哲人之後，哲學思想轉向現實、實際的問題之探討。像伊壁鳩魯的哲學家認爲哲學是教人趨吉避凶、減少痛苦之學，斯多亞學派則教人如何求取靜定（*apathia*），[1]作爲哲學嚮往的目標。

但例外是，新柏拉圖派的思想家視哲學爲人們與聖神合一的學問。

在中古世紀裡，哲學被當成生活中對信仰的干涉之學，或稱爲神學的婢侍，也是由理性邁向信仰的學問。直至宗教改革、文藝復興運動之後，人意圖掙脫教會的思想箝制、追尋人作爲有意義的存有，而非附麗於神的擺飾品、欣賞品，在此之下，哲學也才能從宗教的攝理闖出自己的一番天地。

對笛卡兒（René Descartes 1596-1650）而言，哲學是闡明最終眞理的學問，人以懷疑作爲追求眞理的開始。但疑問總有個限度，亦即無法對發出疑問思考的主體再質疑下去。是故「我思故我在」（*cogito, ergo sum*），主體我的存在成爲懷疑的極限，既然本身的存在是經由清楚，而可資分辨的思維方法獲致，因之，「任何可以清楚以方法所瞭解的事物就是眞實的」。是故清楚明白的理念之掌握，便是進行哲學思考的起點。

洛克（1632-1704）認爲我們心靈中所儲存的理念需要加以分析，因之，哲學的活動爲在模式（modes）、本質（substances）、關係（relations）三種理念類型中對其構成要素進行分析。因爲我們的概念世界都是從諸種理念類型引申和建構起來的。

聖西蒙（Claude Henri de Rouvroy Saint-Simon 1760-1825）認爲哲學是使世界在某一階段裡走向和諧的心智手段。

康德（1724-1804）哲學的起點爲質問「綜合性、先驗的判斷如何成爲可能」？自從萊布尼茲（Gottfried Wilhelm Leibniz 1646-1716）以來，西洋哲學界的作品中便分別了分析性與綜合性的判斷，以及先驗的與後驗的判斷之不同。一般而言，分析性的判斷不須涉及經驗世界，便可爲眞，亦即將分析的與先驗的判斷看成爲一組。另外，綜合性的判斷則與後驗的，或稱經驗事實列入一組。前者的特徵爲其邏輯上的必然關係，其缺陷是並不增加吾人的新知。後一組沒有邏輯上的必然關係，顯示其缺陷，但卻能夠增加人們新的消息、新的知識。康德便企圖要找出兼有上述兩者的優點「邏輯上必然關係」與「增加新知」的判斷，這就是他何以發出綜合性的判斷與先驗性的判斷如何可以結合的問題。由是他發現了數量（quantity）、質量（quality）、關係（relation）和模式（modality）等四大範疇，再由四大範疇引申爲十二大範疇，而把它視爲哲學探討的主要對象。

黑格爾認爲哲學的功能在從萬事萬物的生成變化的歷史中抽繹出事物的本質，亦即事物的範疇、事物的理念，其結果必然在絕對的形式中找到絕對的眞理。對黑格爾而言，理念的本身就是精神，精神分爲主觀（或主體）的、客觀的（或客體的）和絕對的三點，研究這類精神也就分成三點，像人類學（研究人的靈魂）、現象學（意識）、心理學（心理）是屬於研究主體精神之學問。法律學（法律）、修身學（道德）、社會倫理（風俗、民情、立國精神）是研究客觀精神。至於藝術、神學、哲學，則分別研究絕對精神中涉及美、聖與眞的學問。這就是他何以視哲學爲追求絕對眞理之因由。

斯賓塞（Herbert Spencer 1820-1903）認爲哲學爲綜合性的學問，是把散開於各學科的資料，用普遍的原則加以統合的學問。哲學與科學不同，科學在發現現象中的律則與常規，每一科學皆有其獨特的研究對象與範圍。反之，哲學比起科學來範圍大得很多，而且不是研究個別的、特殊的現象，而是普遍的、寰宇的事物。其目標在把所有的知識統一起來。在這一意義下，演進、演化的概念是哲學的。他的演化觀建立在由「比較無限的、不融貫的同質性（homogeneity）邁向比較有限、融貫的異質性（heterogeneity）」，這便是他綜合性（synthetic）的進化哲學觀。[2]

尼采（Friedrich Nietzsche 1844-1900）則拿著鐵鎚去進行哲學思維，目的在打破傳統的、浮濫的、無用的概念。

胡賽爾（Edmund Husserl 1859-1938）認爲哲學爲一種現象學的分析，直接指向人的經驗，在人的經驗意識中找出事物的本質。

柏格森（Henri Bergson 1859-1941）主張哲學爲直觀的學問，這是因爲理性把實相加以扭曲之緣故。直覺的動力可以使理性的靜態變得活潑，則直覺可能更接近實相與實在。

克羅齊（Bendetto Croce 1866-1952）認爲哲學研究具體多於抽象，是故哲學與歷史學是不容分開。

卡西勒認爲哲學的任務在人類所有的思想領域中，找出象徵或符號的形式，俾把人性作出適當的表述。

石里克（Moritz Schlick 1882-1936）勾繪出哲學的兩大任務：其一，科學的結構和科學知識的基礎之清楚辨明，換言之，在發展「科學的邏輯」；其二，掃除傳統哲學語言中的混亂、模糊、歧義，亦即清除人們思想混沌的名詞等等。

海德格（Martin Heidegger 1884-1976）認爲哲學研究的對象爲對存有（Being）的意義之再度發現，這是古希臘哲學早已提及而未能徹底進行的思想工作。

維根斯坦（Ludwig Wittgenstein 1889-1951）最先認爲哲學是可以拋棄的分析，就像韋士頓（John Wisdom 1904-1993）所說「哲學是一種毛病，只有靠哲學來醫療此一毛病」。其後維根斯坦認爲哲學仍有存在價值，就是對概念的體系進行分析。

彭鶴飛（Dietrich Bonhoeffer 1906-1945）認爲哲學使人由本身與世界的控制下解脫，他認爲一個基督徒如果能夠從哲學思維分離出來，亦即不受倫理與本體論束縛，將更能致力其救贖的志業。他分辨兩種不同的哲學，一種爲「行動」（Act）的哲學，是以人性爲研究中心的；另一種爲「存有」（Being）的哲學，這是強調非歷史的神性爲中心的。

賴爾（Gilbert Ryle 1900-1976）認爲哲學在拯救人們誤入概念的混亂中。由於積非成是的錯誤傳統，使很多不高明的哲學累犯著「系統性誤導的表述」，亦即犯了「範疇性的錯誤」。例如把文法的混亂誤爲邏輯的混亂，或本來屬於別的範疇的概念當成另一範疇看待。這種錯誤在傳統的形而上學中俯拾即是。舉個例，我們誤會的心靈操作與人的體力（軀體）操作爲兩樁同等而可以相提並論的事物，這是觀念的混淆。

從上面一大堆的引述和簡介可知哲學涉及的研究對象、範圍、功用、性質、目的，因人因地因時而異，要爲哲學找出一個共同的定義是非常不容易的。最多回復到古希臘的說法：哲學是愛智之學。

2. 面向

研究哲學的諸方面，或稱側面，或稱諸面向（aspects），也就牽涉到哲學研究的對象、內容、範圍之上。粗略地說，哲學是圍繞著人與其世界的求知手段，這包括人賴以維生的外在世界、外界環境；其次爲人類自身，包括人群及其結合的社團、社區、社群、社會等；再其次則爲討論人的內心世界，包括其感知、思想、思維、認知、認識。現分成下面三種略加解釋：(1)探索世界的本質，探討人與外面的世界之關係；(2)哲學與人類的行爲有關，如何爲人類的行爲尋找規則；(3)正確思維和認識的原則。

上述哲學的三個面向與亞理士多德把哲學分爲物理學、倫理學和邏輯，若合符節。詳言之，哲學所關懷的是人類存活在世上所面對的三重首要的關係與問題：

(1) 人與世界

雖然懷疑論者質疑外頭世界的存在，但其他的自然科學家和社會學家卻紛紛討論外界的問題。像笛卡兒堅稱有外界之存在，乃因爲神創造了世界，也創造了人，神不會欺騙人類，更何況每個人都感覺到外面的世界，這種感覺並非幻象。洛克也認爲我們得知外頭的世界，是由於我們擁有感知（sensitive knowledge）的緣故。我們沒有存心或故意去感受卻獲得的感覺，以及各種不同的感覺的匯聚，這些我們乃知道外界之存在。

法國百科全書派的「哲學家」（*philosophes*）認爲世界充滿各科相互對照、相反的眾多性質，使我們覺知事物之存在。因之，對外界的感知、反映甚至反抗，都使吾人確認有外面的世界。

穆爾（G. E. Moore 1873-1958）認爲當下即足的經驗，像我們覺知自己的右手和另一個左手，這類常識性的事物，便可以知道外界之存在，亦即靠常識的現實性（Common-sense realism），認識外面的實在。

「世界」最通用的意義是指一切可見事物的全部，整個宇宙，也就是希臘人所稱的cosmos。是故研究世界不只是亞理士多德前述的物理學，應爲是宇宙論（cosmology）：包括自然哲學，宇宙發生論（cosmogony）。世界是否具統一性呢？由於一切物體有時間、空間、因果、秩序及相互關係。由於這些關連，我們才能感覺物體及其功能。究竟世界如何出現，有無終期？或是「同一事物的永恆重現」（尼采語），都是值得哲學家或神學家加以思考的問題。[3]

(2) 人與社會

哲學就像社會學一樣，也討論人作爲經營集體生活的動物如何在社會、社團、社群當中進行生活。就像布柏（Maritn Buber 1878-1965）在其著作《人與人之間》（1936）所闡述的，人怎樣對待其他人、對待神明、對待世界，是一個嚴肅的哲學或神學的課題。基本上他分成「我與你」（I-Thou）關係、以及「我與它」（I-It）關係兩種，前者便是涉及人人之間的關係（在更高的境界則爲人與神之關係），後者涉及人與事物之關係。

布柏認爲人的存在不是透過柏拉圖的理念實現的，也不是透過海德格顯耀人在存在物中的特殊地位而實現的，只有在相互遭遇中，即每個人在整個地與他面對的東西（人、神或物）相逢時，人才實現自己的存在。因此，人就是交往、就是關係、就是與相逢者的對話。

布柏這種主張建立人際親密關係的你我之間的共同體，就是反對馬克思主義者所企圖建立非人身、非人際的社會主義（impersonal socialism）。

哲學中討論人的部分，包括人的本質、人的地位和人的發展。人的本質是考察人在社會上和歷史上的根本屬性，亦即人根本有異於動物的特性。人的屬性可以區別爲人的自然屬性、社會屬性。前者接近人的物質、生理屬性，後者則爲人在社會上的表現，包括精神方面的屬性。

人的地位指人在世界（自然）中的地位、在社會中的地位、和人際關係中的地位。人在自然中的地位具有雙重性，第一，人爲自然的產物，依賴自然而存活；第二，人必須改造自然、利用自然才能營生，因之是自然的創造者或改造者。在社會中人的地位也具有雙重性，一方面人是構成社會的基本單元，沒有人就沒有社會；另一方面，社會是人得以成爲人的前提。沒有社會，也就沒有人。因之，人固然是社會的產物，人也創造社會。

在人際關係方面固然人人平等，卻因人有個性、才能之不同，造成人際關係中之不平等。哲學要探討的是怎樣來把人爲的不平等與天生的平等兩者之矛盾作一妥協。

人是不斷發展生成的動物，人的自由與全面的發展是自有哲學以來，思想家苦思焦慮的問題，尤其是以標榜人的解放的馬克思所追求的理想。要達致人的自由與全面發展，首先要建立新的社會秩序與新的制度。[4]

(3) 人與內心

人的內心生活，也就是其心靈活動、精神活動、文化活動的內涵，這包括人的知識、信仰、情緒、意志有關的科學、宗教、文藝、教育等文化制度。哲學的第三個面向，就是討論個體與集體成員的人之內心世界。在這一意義下，哲學中牽涉的世界觀、歷史觀、眞理觀、認識論、價値論、方法論，固然是哲學的分支（sub-fields），也是哲學重要構成部分，但所謂的神學、人類學、心理學、語言哲學、宗教哲學、藝術哲學、美學、教育哲學，也成爲研究人的內心世界所不可或缺的輔助學問或專門性哲學。

人的內心世界包括人的心理、意識、感覺、知覺、思維、情感、情緒、意志、意向、個性、能力、符號、語言、理想、欲望等等。要之，可以視爲人類心靈（mind）的問題。哲學史上一個爭論不休的問題爲心靈與肉體的關係，俗稱「心體問題」（mind-body problem）。原因是心靈的活動與人體物理過程並非完全一致，因而引發了兩者關係之討論。

柏拉圖主張心靈與軀體兩元論，前者牽涉到不變（靈魂不朽）；後者則會變動（軀體生成變化或衰敗）。至於這兩者之間究竟存有互動（互動論者的說法），或偶然有關連（機緣論者的主張），也成爲不同學派爭論之所在。

笛卡兒也持心與體雙元論，認爲兩者處於適得其反的地位。

唯物主義者主張心與體的問題即爲心與物的關係之問題。所謂心乃是人類的腦。因之，心靈的活動事實上乃爲物質或物理過程，對唯物論者而言，並無事實上心與體的對立問題。與此相反的則是貝克萊（George Berkeley 1685-1753）等唯心主義者的主張，他們認爲只有心靈與心靈活動的內容之存在，去掉了物質，自然不用談心與體的問題。費希納（Gustav Th. Fechner 1801-1887）提出「心理與物理並行論」（psychophysical parallelism），有一心理動作便有與其平行的物理過程出現。因之，每一事物就其外觀而言，是可以量化的物理現象，就其內部而言，則具有生命與靈魂的心理活動。

同「心理與物理並行論」持相反見解的爲「準現象論」（epi-phenomenalism），指出心靈的差異不是數量的，而是質量（性質）的。不過，此說不認爲心靈具有獨特的力量，所有力量存在物理體系當中。

把心靈與軀體看成爲同一物，而有不同的表現之學說謂爲中立一元論（neutral monism），或稱爲「單元觀念論」（monistic idealism），主張心與體爲同一物對外與對內的面向。

梅樓．蓬第（Maurice Merleau-Ponty 1908-1961）反對笛卡兒心與體之雙元論，認爲心與體之分別是對人類行爲的物理現象在不同階層上概念所造成的認知差別。物質現象乃爲概念系統的先決條件，兩者不宜截然分開。

3. 哲學的問題與學科

哲學的基本問題是圍繞在實在、價值和認識這三項之上。

(1) 物理學、宇宙論、本體論研究實在的問題（*Wirklichkeitsproblem*）。所謂的實在（reality, *Wirklichkeit*），是由拉丁文*res*（事物）演變而成的名詞，是十三世紀由史可圖（Duns Scotus 1266-1308）引進哲學的思辨中之名詞。他把實在等同爲「存有」（being）。實在與存有之間的關係正如同「實狀」（actuality）與「存在」（existence）的關係是不易區分的，當哲學家討論到「那個現存的某物」（that which is）之時，他便涉及「存有」與「實在」的檢討，可是當哲學家討論「存在」（exists）與「自立存在」

（subsists）（或譯爲可能存在）之分別時，則「實狀」或「存在」指涉的是前者（存在），而存有與實在則指涉到兩者（存在與自立存在）。

康德認爲凡是符合到我們經驗的物質條件之事物都具有實在性。費希特（Johann Gottlieb Fichte 1762-1814）則認爲凡是自我（ego）所設定的事物，即爲實在的、眞實的事物。

皮爾士（Charles S. Peirce 1839-1914）主張所謂實在，不過是詢問者的群體在經過冗長的詢問過程後得到同一結論，也是群體所信以爲眞的事物。

與實在有關連的是客觀的實在（*objective Realität*），則是指客體世界業已實現之物，以別於主觀認知的實在。此外實在與可能性（*Möglichket*, possibiity）也宜分別，後者是指事物發展爲實在的可能性、潛在性，而非爲眞實的存在或現狀。

(2) 倫理學、人生哲學、人性論研究**價值的問題**（*Wertproblem*）。價值（value, *Wert*），源自於拉丁文*valere*（強而有力，亦即可珍貴之意），價值常與事實（fact）做一對照。人們對事實只需承認即足，但對價值則必須選擇。不管是任何的事物，包括態度、理想、目的、目標等等之具有價值，一定是該事物能夠引起人們對它產生了偏好、評價、或認爲有重要性。

在哲學史中對價值的區分、分類曾提出各種各樣的主張：

柏拉圖分辨了工具的、中間的和內在的價值，前者爲手段的價值，後者爲目的之價值，夾在兩者之間爲中間性的價值。

杜威則主張手段和目的乃爲一連續體、首尾銜接（means-end continuum）。因之，所有的價值都是中間性的價值，具有外在與內在的性質。

皮里（R. B. Perry 1876-1957）把價值分成八種：道德的、美學的、科學的、宗教的、經濟的、政治的、法律的和習俗的價值。寇恩（Alejandro Korn 1860-1936）則分辨九種的價值：經濟的、本性的、情慾的、生命的、社會的、宗教的、倫理的、邏輯的和美學的價值。每一種價值都有其兩個極端，譬如經濟的價值包含「有用性與無用性」，本性的價值包括「爽快的與不爽的」。每種價值皆有其體系，譬如經濟的價值涉及功利主義、本性的價值涉及享樂主義等等。

謝勒（Max Scheler 1874-1928）發現在價值系統中可以按其大小做上下高低的垂直分布，譬如感覺的、生命的、精神的、宗教的價值由下而上的提升。

路易士（C. I. Lewis 1883-1964）把價值五分化：功利、工具、生成的、內在和外鑠的價值。

賴特（G. H. von Wright 1916-2003）認爲價値具有善（goodness）的特質，因之可分爲工具性、技術性、功利性、享樂性和福利性五種價値。

在討論終極的價値時，西洋哲學家的主張也十分分歧，例如亞理士多德認爲快樂（*eudaemonia*）爲所有人類都追求的價値；孔子則以仁與禮作爲人修身之始；老莊追求的是道；裴特拉克以自我修養爲人追求的價値；斯賓諾莎（Baruch Spinoza 1632-1697）則以智慧爲値得追求之目標；馬克思則以人的自我實現和全人類的解放爲人活在世上的最高目標；對尼采而言，權力意志的兌現是人最大的驅力；史懷哲（Albert Schweizer 1875-1965）則以尊重生命；沙特（Jean-Paul Sartre 1905-1980）以尋找眞實的存在；卡謬（Albert Camus 1913-1960）以達成人類之團結爲吾人最終之理想。這都是涉及不同的哲人對不同的終極價値之追求。

(3) 邏輯學、科學的哲學、認識論研究認知的問題（*Erkenntnisproblem*）。認知（cognition, *Erkeuntnis*），來自於拉丁文*cognitio*（認識、承認），涉及到認知的過程和認知的結果——知識，對認知的系統研究便是認識論（epistemology），它牽涉到感知（perception）、記憶、直觀和判斷的問題。

認知問題牽涉到知識的根源，知識根源是在判斷中圓滿實現的、眞實而確切的認識之由來，一般分為外在與內在的知識根源。別人的見證屬於前者，由自己的經驗、概念、判斷、推論而得到思維活動則屬於後者。

知識論是對思想內容的客觀有處理性提出決定的問題，如果客觀有效的思想才可稱做知識的話，則知識論首先在質問：知識是否可能？知識有無侷限？

古代與中古不乏對知識論個別問題的探究，但對知識論的全部問題做系統性檢討，卻要等到近代哲學出現之後，尤其是笛卡兒之後。十七與十八世紀時，這類探究以理性主義及經驗主義二種相反的論調為主，康德的批判哲學嘗試把這兩種對立思想統一起來，但局部放棄知識的實在論之說法。從此以後，知識論遂以研討實在論與唯心論為主流。二十世紀的現象學、生命哲學及存在哲學帶來思考的新動力。邏輯實證主義及分析哲學則以純粹的語言理論來替代知識論。[5]

4. 哲學的影響

直正的哲學不外於人的生活，反而產生自人生的各種活動之間，並企圖使人生豐富絢爛。不僅學者為澄清思維和概念而去進行哲學思考，就是世事的無常、禍福的互見、人生的苦樂，也使人們反省、冥思。特別是涉及個人所追求的理想（自由、平等、歡樂、安逸等）與生死輪迴的問題時，哲學的省思，將伴隨宗教的信仰、政治的行動來影響我們的作爲。

二、倫理學

1. 倫理的根源

在中國「倫」、「理」二字，早在西元前八世紀前後的《尚書》、《詩經》、《易經》等著作中已分別出現。「倫」有類、輩分、順序、秩序等涵義，可以被引申爲不同輩分之間應有的關係。「理」則具有治玉、分別、條理、治理等意義。

西元前四世紀的孟軻在《孟子》一書中說，遠古之時，人們「逸居而無教」，近於禽獸，早期的統治者很擔心這種狀況，於是「使契爲司徒，教以人倫」。孟子所說的「人倫」，就是指「父子有親，君臣有義，夫婦有別，長幼有序，朋友有信」。他認爲，父子、君臣、夫婦、長幼和朋友之間的親、義、別、序、信是最重要的五種人倫關係或道德關係。

倫理二字合用，最早見於秦漢之際成書的《禮記》：「凡音者，生於人心者也；樂者，通倫理者也。」大約西漢初年，人們開始廣泛使用「倫理」一詞，以概括人與人之間的道德原則和規範。

由於中國古代哲學，始終把自然觀、認識論、人生觀和倫理觀融爲一體，因而未能形成獨立的倫理學學科。先秦時期的《論語》、《孟子》和秦漢之際的《大學》、《中庸》、《孝經》等，在一定意義上都可以被看作是具有中國特色的倫理學著作。宋明時期所謂的「義理之學」，也可以說是研究道德的倫理之學。[6]但「倫理學」這個名稱，卻是十九世紀以後才開始在中國廣泛使用的。

在西方，「倫理學」一詞出於希臘文*ethikos*，含有風俗、習慣、氣質和性格等意義。荷馬史詩中的*ethos*原是一個表示駐地、駐所的名詞。古希臘哲學家亞理士多德從氣質、性格的意義上，首先使它成爲一個形容詞，賦予其「倫理的」、「德行的」意義。後來，他又構造了*ethikos*一詞，即倫理學。西方最早以倫理學命名的書爲亞氏所著《尼克馬可倫理學》，據說這本書是他的紀念其父尼馬可他的講稿和談話整理而成的。

對人的道德行爲加以描述、反思、批判的學科，便叫倫理學，簡稱倫理。倫理包括倫理價值觀、倫理規律、倫理標準、德性行爲、良心現象等等。這是廣義的倫理。

狹義的倫理僅指道德哲學，爲哲學的一個分支，也是形上學的一部分，研究道德理象最深的基礎、探查道德標準等事實屬於何種的存有及有何種意義。道德哲學主要在解釋道德的善、義務、良知等問題。

道德（morality）一詞是由西塞羅引進的，拉丁文爲*moralis*，他認爲*moralis*相當於希臘文*ethikos*。這兩個名詞都和人實踐的活動有關。一般而言，道德是涉及個人的操守品行而言，倫理則爲人際關係的規範。進一步而言，倫理爲道德行爲的反思，爲道德的哲學。[7]

2. 倫理學的分類

(1) 倫理學可以大致分爲規範倫理學（normative ethics）和後設倫理學（meta-ethics）。前者爲建立善惡分別的標準，俾爲人們行事的指引。後者則爲「善」、「惡」、「對」、「錯」的用法之邏輯思考。西方傳統的倫理學都把規範的與後設的倫理學合併討論。可是近代的哲學家，大多只關心後設倫理學的問題。

(2) 「善」既然成爲道德行爲的核心，則「善」成爲一種人們追求的價值。爲獲取這種價值，人們必須盡了一連串的義務，這便是價值性的（axiological）倫理學。與價值論理學相對照的是選定一個人生最終的目標，作爲人道德行爲的取向，這便叫做目的性（teleological）的倫理學。

(3)既然「正確」、「對」成爲倫理所要實現的目標，則倫理學的取向在於盡職（obligation）與履行義務（duty）。由是把重點擺在盡職與完成義務的行爲之上，而不是強調行爲的結果，這種理論便稱爲義務論（deontology）。如果所強調的是道德原則，這稱爲形式主義的（formalistic）倫理學。

(4)「善」、「對」可能存於個人之上，也可能存於人之外的天地之中，由此引發出倫理的主體論與倫理的客觀論之分。認爲「善」、「對」存於自然之中，而可被人們看出，甚至加以身體力行的說法就是倫理的自然論。反之，不認爲「善」、「對」容易認知，而卻由少數人，直覺認識的，這派主張叫做倫理直觀論。

(5)有人主張倫理名詞背後並沒有客體可供參照，而只是人們情緒、態度、建議、力薦的行爲之表現，這派學說稱爲倫理的非認知論（non-cognitivism）。非認知論者又分爲以情緒爲主的情緒派（emotionism）和以文化爲人類道德行爲影響因素的文化相對論（cultural relativism），又稱爲倫理相對論（relativism）。

3. 西方傳統的倫理學

在倫理思想史上，由於不同時代的經濟、政治、文化的變化和人類對於道德現象認識的不斷深化，道德作爲倫理學的研究對象，在不同時期的不同思想家那裡，有著不同的理解和規定。

(1) 古代

在古希臘羅馬時期，蘇格拉底和柏拉圖都把至善作爲倫理學研究的主要內容，並強調四大品德之一的「智慧」。蘇氏尤其強調人應忍受痛苦而不該爲惡。道德行爲不以善果爲重，而重在內心的堅持原則。柏拉圖則以目的論的觀點來看待善，認爲善是永恆的形式，只有在人生中才能體現。

亞理士多德認爲，倫理學是研究人們的行爲及品性的科學，或者說是研究人的道德品性之科學。人生的目的在追求幸福（eudaimonia），只有在中庸之道裡人才會發現道德性。伊壁鳩魯（Epicurus 341-270 B.C.）認爲，倫理學所研究的主要問題，是人生目的和生活方式，強調倫理學是研究幸福的科學。與伊壁鳩魯學派對立的斯多亞學派，認爲倫理的行爲在於符合理性（rationality），是把個人的意志驅從於普遍的理性之下，亦即從強調義務出發，認爲倫理學是研究義務和道德規律的科學。公元前一世紀的羅馬思想家西塞羅（Cicero 106-43 B.C.），把他的倫理學著作稱爲《義務論》，並將古希臘的倫理學稱爲道德哲學，賦予倫理學以新的意義。

(2) 中古世紀

聖奧古斯丁（St. Augustine 354-430）把快樂的原則擺在人們從地上之城升入神聖之域，造成神的完善之上。奧康（William of Ockham 1290-1349）認爲所有的倫理都是建基於上帝的旨意，也是用神意來判定人的行爲之善意。夏夫特伯理（Earl of Shaftsburg 1671-1713）主張：人的內心道德感建立在天生的同情心之上，也是導致人群和諧的基礎。

柯拉克（Samuel Clark 1675-1729）認爲倫理的觀念立基於適合（fitness）之上，亦即所有符合倫理的行動都必須大家「彼此適應一致」（mutual consistency）。

巴特勒主教（Bishop Joseph Butler 1692-1752）認爲對與錯的標準是個人良心的吶喊。良心則爲個人內心中理性的與反思的原則。只要良知未泯都會直覺善之存在，而作出相應之善行。

(3) 近代

休姆（David Hume 1711-1776）企圖把人的同情心和享樂、功利等聯繫在一起。由於人有追求快樂之趨向，也有同情的趨向，所以兩者的結合便是善意的源泉，也是個人的利益與社會團體利益發生關連。因之，好處、益處、功利變成了道德的判準，功利的判準與社會的贊同結合，不利的判準則與社會的排斥結合。於是休姆爲倫理學導入功利的概念（對社會有利的行爲就是符合道德的行爲；反之，對社會不利之行爲則爲違反道德之行爲）。

亞丹·斯密（Adam Smith 1723-1790）繼續發揮同情是倫理的基礎之說法。他說：「透過同情，我們進入別人的情境中，並與他人共享由於該情勢所引發的激情。」德性與適得其份（prosperity）和應該獲得的績效（merit）緊密認同。德性就表現在謹慎和善意之上。

康德的倫理學是從法律的理念衍生出來的原則，倫理是人實踐的範疇與其命令。他分辨了自主（autonomous）意志和他主（heteronymous）意志。前者是由人的內心之原則來驅使人去行動，後者是外頭的勢力、或原則，迫使個人採取行動。自主的意志反映了本體的自我，比較少受情慾、慾望的控制，我們對義務、職責的感受乃是來自這個源泉。

因之，倫理乃涉及「義務」、「尊重」、「守法」的觀念，這種觀念就是範疇性的命令（categorical imperatives），這是有異於假設性的命令。要之，道德建立在善、意、欲、自主的意志之信念上頭。

邊沁（Jeremy Bentham 1748-1832）是功利主義的奠立者，他認爲增進最大多數人的最大好處是吾人追求的目標。個人生活的目的是趨吉避凶、趨樂避苦。是故生活之目的爲「最大多數人的最大好處」。如何來獲取最大的好處呢？那就是在人的行爲中權衡利害得失。換言之，在苦樂的程度上、時間長短上、確定性之上、遠近關係上、滋生變化上、純度上、範圍上等七個估計權衡裡頭去定樂與痛苦的大小久暫。

穆勒（John Stuart Mill 1806-1873）修改了邊沁重量不重質的功利觀點，亦即快樂不只是大量的，也是高質的快樂，才值得人們去追求、去增進。

(4) 現代

現代人們對倫理學的對象更有不同的理解。他們分別認爲：是研究人生目的的學問；是研究善和惡的學科；是研究人的行爲、道德判斷和評價標準，研究道德價值的科學；是研究理性原則和規律的科學；是關於情感意志的科學；是研究道德語言的科學等等。所有這些關於倫理學研究對象的看法，都是圍繞著道德問題提出的。除了把倫理學看作是純理論抽象的道德哲學的觀點外，大多數倫理學家都承認研究的目的是爲尋找和建立一種調整人與人之間的關係、維護社會秩序和培養有道德的人之理論。他們或多或少地涉及到倫理學的對象和任務問題，但都沒有作出科學的界說。

4. 馬克思主義的倫理觀[8]

馬克思主義倫理學把道德作爲社會的、歷史的現象進行研究，但不是簡單地描述這些現象，而是在馬克思主義的世界觀、方法論指導下，研究道德現象中帶有普遍性和根本性的問題，揭示道德的社會實質和發展規律。

馬克思主義倫理學認爲，人們在社會生活中必然形成複雜的社會關係，其中必然包括道德關係；它受著社會關係中最基本的關係，即生產關係或經濟關係的制約。道德是在一定的經濟關係基礎上形成的社會意識形式之一；在階級社會裡，它主要受一定的階級關係的制約。

人類社會的道德現象包括道德活動現象、道德意識現象以及與這兩方面有密切關係的道德規範現象。

所謂道德活動現象，主要指人們的道德行爲、道德評價、道德教育、道德修養等個人和社會民族、集體的道德活動。

道德意識現象指個人的道德情感、道德意志、道德信念，以及各種道德理論和整個社會的道德意識。

道德規範現象一般指人們在社會實踐中形成的應當怎樣、或不應當怎樣的行爲原則和規範，是調整人和人之間關係的倫理要求或道德準則。這種原則和規範體現於由經濟關係所決定的各種社會關係之中，並透過一定的傳統習俗和生活方式表現出來。它一旦經過倫理思想家們的概括，又成爲道德意識現象的一個部分。

馬克思主義倫理學強調全面研究道德現象，揭示道德現象的本質、作用和發展規律。它不像舊倫理學那樣，只研究道德現象的某一部分或某一方面，也不是只陳述某些「道德事實」和「行爲表現」，更不是單純分析某些道德語言的邏輯結構。馬克思主義倫理學的使命是從實際的道德現象出發，給這些現象以規律性和規範性的概括，從理論形態和行爲準則上再現道德，使倫理學成爲人實踐的指引。它既不是一種純粹的理論科學，也不是一種單純的應用科學。

5. 道德所涉及的問題

(1) 道德的產生

道德是怎樣產生的，是起源於現實社會人們的經濟利益，還是起源於上帝或者某種理念？道德的作用是什麼，它與人們的經濟利益和物質生活關係爲何？歷史上的倫理思想家們，由於對這些問題的不同回答，形成了不同的倫理學派別。

(2) 道德的基礎

道德的最高原則，按其實質來說，究竟是以個人利益爲基礎，還是以社會整體利益爲基礎？道德的功能在於調整人們之間的相互關係，其中最主要的是個人和社會、個體和整體之間存在的各種利益關係。這是決定各種道德體系、道德規範和道德內容的最高原則，也是決定各種道德活動的依據以及道德理想的標準。

◆註釋◆

【1】拉丁文*apathia*，源之希臘文*apatheis*，含有「不受苦」、「不忍受」的意思。斯多亞派哲學家把它看作一種極端冷靜、自制、動心忍性、不為人役、不為物苦的德目，亦即求取內心的寧靜。

【2】在這一意義下，斯賓塞同達爾文的進化論有其相似之處。前者鼓吹的為哲學的進化論，後者則為生物的進化論。恩格斯則把馬克思捧作社會的進化論之創立者。

【3】布魯格著，項退結編譯，一九八八，《西洋哲學辭典》，台北：國立編譯館，第二版，頁四一五—四一六。

【4】黃楠森、夏甄陶、陳志尚（主編），一九九〇，《人學辭典》，北京：中國國際廣播出版社，頁八—十。

【5】布魯格，前揭書，頁三〇〇—三〇二。

【6】道德泛指個人的修養、品格、操行，倫理則指涉個人與他人之間和諧、合理、善待、諒解的關係。可以說前者為私德的表現，後者為公德的展露。倫理也可以說是道德舉止的說明、規定與普遍化，甚至是道德的客觀化、學術化——倫理學。

【7】參考洪鎌德，一九九六，〈馬克思倫理觀的析評〉，刊《中山學術論叢》，第十四期，台北：台灣大學三民主義研究所，頁五四—五五。

【8】馬克思的倫理觀和馬克思主義的倫理觀，稍有不同。前者是馬克思本人的倫理觀，後者是涉及馬克思的戰友恩格斯，以及馬克思信徒的倫理觀點。有關馬克思的倫理觀，請參考洪鎌德，二〇〇〇，《人的解放——21世紀馬克思學說新探》，台北：揚智。

第八章　歷史與史觀

一、歷史

1. 歷史和史學

歷史是指人類過去的經驗，或發生於以往的事物。但歷史也涉及將過去發生的事情和以往的經驗以文字、記號、聲音記錄保存下來的記憶，包括對過去發生的事故有系統地加以理解之學問。

一般而言，歷史是歷史家將史事的原委以文字記錄，或將史料加以整理、詮釋、解析。這點與史學（historiography）相同。蓋所謂的史學是以修辭學的方式對歷史加以撰寫的本事（craft）。有時稱爲「歷史的修辭學」（the rhetoric of history）、有時稱爲「歷史撰述」（history writing）。史學並不等同爲歷史資訊的收集、歷史資料的彙編、歷史觀念或想像之激發、歷史撰述之批判，亦即不同於史觀或歷史哲學，但卻與上面這些名詞有關，也有部分的重疊。這一分辨是有必要的，原因是近年間有些西方學者把史學當成歷史撰述的歷史來看待，這是隸屬於知識社會學的一個分支，屬於以知識社會學的觀點與方法來理解人類如何撰述歷史。

以講究精密的科學方法，謹慎考察歷史的證據，而對過去發生的事故，做高度求眞

（*maximum verisimilitude*）的研究，是過去兩百年來歐美學界所追求的目標。換言之，眞正的史學差不多在兩個世紀之前才開始。[1]

另一方面，史學也可以說是歷史撰述的藝術，是在歷史撰述中產生的有關方法學的問題及其解決。

2. 歷史的主題與範圍

最廣泛意義下的歷史，是指地球上或宇宙上發生的任何一樁事件而言，這是包括自然界依其生成變化的定律而產生的必然事件。但狹義的歷史則限於懂得自由選擇的人之事件。人的歷史展開於空間與時間內，世代相繼、各族並存，受到時空、精神、物質的影響。因之，歷史是人特有的活動方式，是人生活的場域和生活的過程。人所做的一切，均以歷史存有者或載體的身分去做。[2]

歷史的主題在有意義的過去，亦即指能影響整個社會經驗和發展的制度與個人行爲。傳統上，歷史的重心是集中於政府及其領導人的動作，以及它們之間的衝突。換言之，即是政治史和外交史。到了最近一百年間，歷史研究的範圍，已經擴展到思想史和涉及影響整個社會或社會特性的經濟及社會生活史。

一般而言，歷史是以記錄個別文明或單獨國家爲基礎。因而所謂的「世界歷史」，即主要指開始於近東地區，其後，進入南歐、西歐、北美，歷經近代而成爲支配世界的西方或歐洲的文明而言。歐洲在二十世紀中葉衰微後，北美、東亞繼起稱霸，加上亞洲和非洲產生了一些新興國家，因而引起西方人注意其他地區文明的歷史背景。然而西方傳統的歷史研究，不論是研究一個文明或一個國家，甚至一個區域，皆將之劃分爲以下幾個時代：古代（ancient）、中古（medieval）、近現代（early modern）、近代（modern）、當代（contemporary）等，以及幾項專門主題：如政治、外交、經濟、社會、文化、思想等等之歷史。

3. 歷史研究的歸屬

歷史研究現在已被同時視爲「人文學科」或「社會科學」的一支。實際上，在研究方法和主題方面，歷史是分別隸屬於以上兩門學問的支派。如將歷史研究視爲社會科學，其處理的爲各種人類的經驗，包含政治學、社會學、人類學，和經濟學等所處理的內容。然而歷史研究與這些學科的區分有以下三項：(1)歷史研究強調年代時間；(2)注重各種社會經驗之間的互相關係和多方面因素的解釋；(3)強調曾經在社會上扮演重要性的特殊事件、人物和群體。

研究歷史必須遵守社會科學的準則，以求建立有關人與社會的客觀史實。同時，歷史家的綜合和解釋工作，與藝術工作相近，必須包含想像和直覺能力。歷史敘述也是一種文學。更進一步地說，許多歷史研究的內容，都是有關人類思想與文化活動的經驗。

4. 歷史研究的目的

歷史研究的目的很多：自好奇以致於科學眞理的追求。但有人把歷史假設爲尋求「教訓」，當做「鑑往知來」的工具，即應用過去的經驗於當今新事物的理解和掌控之上，不過這種企圖並非如此簡單。幾乎舉世公認教導學童以歷史，目的在爲公民灌輸道德和愛國心。然而在獨裁政權下，歷史被用作宣傳工具，故意曲解過去、打擊異己，而達到政權維持或壯大的目的。

至於對待歷史的態度，如榮譽、羞辱或仇恨等，在政治上或國際關係上，常成爲各國爭霸的手段，也不足取。「修正主義」的歷史學者，常在戰爭或革命的暴力事件後，嘗試以更客觀的態度，重新評價這些事件，但其努力並不一定奏效。

歷史也是個人教育經驗的重要部分，可藉以透視人類的不同經驗與文化本質。此外，經由探究的工作，訓練人們處理複雜問題的能力。對一個決策者而言，歷史與其他社會科學的學科做比較，前者很明顯能提供更廣泛的觀點、資料和經驗，作爲當下決策的參考。

對歷史功能有一個普遍的錯誤看法，認爲研究歷史在發現歷史演變的「法則」，人們只要按照所設想的歷史「法則」去行事，則未來的走向將趨明朗，這不啻未來完全爲過去所決定，這就是其錯誤之所在。然而根據歷史本身的顯示，利用人類過去的經驗對未來做預測，明顯地受到太多的偶發事件的影響與限制。不過歷史的確可以解釋現在問題的起源，提示決策者可能產生的結果。

正當現代人面對全社會（世界、時代、國家、地區的社會之綜合）愈來愈趨功能化，亦即功能化的世界（*fuktionalisierte Welt*）之際，人已由世界自我異化（*Selbstentfremdung*）出來，這表示人與其所寄生的世界、所居住的全社會之異化或疏離：人有機械化、物化、原子化、雞零狗碎化之虞。在這種情況下，對歷史產生興趣，肯反身回顧人類以往成長的路途，檢討人類過去的利害得失，也不失爲當代人類心靈更新的一條捷徑。這是歷史研讀的好處之一。

5. 歷史研究的起點與評斷

歷史研究是以「第一手史料」（直接史料）爲開端，如檔案和文件、親眼目睹的記載和回憶、私人日記和書信，以及報紙或其他當時出版物。歷史家必須將這些大量出現的資料加以篩選，尋找出問題與分類的架構，而在心中建立歷史事件的型態及其意義。以上均構成歷史敘述的基礎。

研究「直接史料」的產物則成爲「第二手史料」，通常以學術論文、專論或專書的形式呈現。最後，歷史資訊也可以被讀者重新採用，寫成「第三手史料」，以教科書、百科全書，或普及本形式出現。

歷史家在從事歷史研究的過程中，必須運用批評和客觀判斷，以期能從所蒐集的史料中獲得關於過去最精確的眞實史實，而且必須防止錯誤及避免資料上的殘缺。同時，也必須免除民族或黨派的偏見。

歷史家終究是不可能完全客觀的，因爲他（她）不可能完全拋棄其出身背景、階級地位、文化觀點與道德價値。對於過去的研究，他（她）的問題與假設也不可避免反映他（她）自己所處的時代。而每個時代都有新的問題和著手的方法，所以歷史的研究永遠不能產生最終的歷史。每一時代產生該時代對前代的歷史，亦即對以往的瞭解。

二、史觀

1. 史觀與歷史哲學

視歷史為一有意義的整體概念，是西方思想所特有的。這種西方歷史概念與《聖經》產生前近東的循環論，或非西方的思想，以及許多古代希臘思想是有區別的。《聖經》舊約的先知著述裡，視歷史為最終走向彌賽亞降生與再臨的運動。中世紀基督徒的觀點，最具體的代表為聖奧古斯丁的《上帝之城》，他確認歷史是人類救贖的戲劇。啓蒙運動雖然使基督教「天佑神助」的概念世俗化，但是這個時期仍然繼續論及歷史為引導人類得救的過程，使人類思想和社會生活日益理性化（這裡所認知的「理性化」，不僅是指科學和邏輯的推理，且視之為允許人類最充分發展人道條件、人本思想與人文精神）。

由是可知對歷史的走向、歸趨以及歷史有無目的、有無意義等所持特定看法可謂為史觀。與史觀關連密切的則為歷史哲學。歷史哲學一方面在把宇宙史、人類史做哲學的思辨，他方面也是對歷史學家的活動提出批判性的問題。最重要的問題爲「歷史的認知」（*historische Erkenntnis*）何以可能？因之，歷史哲學是對過去發生之事件所做哲學的意義詮釋，也是對過去歷史認知的分析。歷史當中理性之存在與可資認識是歷史哲學意義詮釋的首要條件。[3]

古希臘的哲學家把歷史的變化視爲一種由好到壞的變化，是一種偏離原型（好）而墮落的過程。不過最終壞的事物又要轉回到好的一面，而形成了循環的演變。

基督教的出現則爲古代人們的意識注入新的看法，那就是人與時間的新關係，人與發生之事故的新關係。基督教誕生在「時間的當中」（*Mitte der Zeiten*），爲人類歷史上一重大的事件，它又爲人類此後的發展導入歷史的觀點（*geschichtliche Perspektive*）。聖奧古斯丁便以人類將由地土之城進入天上之城來解釋人類現世的活動，而以靈魂的救贖，作爲人類未來的歸宿。他可稱爲第一位歷史哲學家，或是歷史神學家，亦即打破古希臘循環論的思想家。

基督教視人人在上帝之前平等，大家都是弟兄姊妹的說法，對團結人心、消弭種族歧視有所幫助，也爲世界一體注入宗教博愛的精神，這有助於世界歷史（世界史）的出現。

受到基督教拯救理念的影響，中世紀歐洲哲學家便以神學的觀點、救贖的觀點來解釋世界發生的大小事故，另一方面也發展出各種烏托邦的空想，以逃避現世的災難貧苦。

法國神學家卜舍（Jacques B. Bousset 1627-1704）便企圖以上帝的攝理來解釋世界史，而遭到福爾泰的批判。福氏便成爲「歷史哲學」這個詞彙的創造人。

隨著宗教改革運動所造成宗教歷史觀危機的爆發，人們的歷史觀有逐漸走向俗世的傾向。加上牛頓萬有引力的科學觀之散布，歐洲出現了以理性和規律主宰世事的新史觀。從而人們進入近代的啓蒙與理性時代。

這裡可以將十八和十九世紀玄想性的歷史哲學區分爲三種不同類型：實證主義、德國的唯心主義（觀念論）和歷史主義。另外還有第四種型態，爲吸收實證主義和唯心主義思想的馬克思主義。

2. 實證主義的出現

實證主義深受到笛卡兒的理性主義和洛克的感官主義的影響，它假定歷史發展爲與自然科學的方法與法則相似的社會科學，所以有可能找出歷史發展的法則。這個理論由孔德（Auguste Comte 1798-1857）所開發，他認爲人類所有領域的知識均由超自然的神學階段，經過玄想的形上學階段，進到實驗、「實證」，或科學的階段。

另外，他進一步認爲，知識的進步將啓示人類實體的發展是受到科學法則的支配，終將產生一種社會的科學。而知識的最後階段將成爲實證的，且其將會提供人類社會科學組織的基礎。這個人類歷史發展進步的說法，其後爲擁有不同政治理念的思想家，如孔多塞（Marquisde Condorcet 1743-1794）和斯賓塞所引申闡發，他們都同意此一知識發展不僅將表現於物質和科技的進步，且同樣將表現於人類自無理性和非理性的歷史中解放，尤其是自戰爭中解放出來。

3. 唯心主義的史觀

與實證主義對立的爲德國唯心主義和歷史主義，認爲文化科學及歷史與自然科學有嚴格的差別。德國唯心主義的先驅代表人物有康德、費希特、謝林，和黑格爾，皆視歷史爲一種過程，在此過程中人和社會制度日益符合理性的觀念。

黑格爾認爲歷史的發展過程等於邏輯，邏輯並不是一個思想的抽象過程，而是具體的歷史運動。藉由絕對觀念的「理性」，可將抽象思想轉變成具體的實體。此實體即表現於人類社會制度。他同意康德的說法，這個思想具體化的過程不是透過人類有意識的具體計畫，而是透過社會的矛盾性。

黑格爾於眞實存在（實然）與理性上應該存在（應然）兩者之間安置了辯證關係，即不完全理性的存在事物將導致矛盾與否定，以及對此矛盾的克服、對此否定的再否定，終而產生新的存在事物，而這些新產生的事物將代表一更高度、但仍是不完全理性的階段，它將會再度經由新的否定性往上提升、往上揚棄，這就是俗稱的辯證「正」、「反」、「合」三個階段。但「合」仍舊是不完全的理性階段，仍會再招致新的否定。新的否定的作用，將使事物提升到更新的「合」，由是事物和理念無休止地在否定的否定中辯證地向前向上發展，一方面既保留有益的部分，他方面也排棄無用的部分，這就是矛盾的揚棄與矛盾的調和，也是使事物與觀念辯證發展的道理。

黑格爾寫道：「世界歷史是自由意識的進步過程。」但是他堅持自由在抽象中並無意義，必須納入具體的歷史事物中。由此促成他這樣的保守結論：存在的事物，如歷史事物，是代表理性的最高階段，凡是存在的都是合理的。另一方面黑格爾也有其進步的另一面，因爲他又主張：凡是合理的才是實在的、眞實的。[4]

4. 馬克思主義的史觀

馬克思和恩格斯摒棄黑格爾的唯心主義，而賦予辯證概念一種革命性的意義，亦即把理念的辯證法改爲實在的辯證法。馬克思在他一八四〇年代早期的著述裡，堅持人必須被視爲社會動物，不斷反映人的社會與自然環境。馬克思和黑格爾一樣，認爲歷史變化的關鍵乃由於人遠離了他的「本質」。只是馬克思有異於黑格爾之處，爲疏離感的表現不在觀念領域，而在人類的實際行爲，尤其是經濟行爲。無產階級的產生是資本主義興起的結果，它使人失去了作爲「眞人」（*eigentlicher Mensch*）、「完人」（*totaler Mensch*）的可能，異化或疏離過程產生了「人性復歸」的辯證條件。

馬克思和恩格斯後來的著述中不再堅持人性本質論，而使辯證唯物論變得接近實證論的科學理論。他們尋求以物質條件來解釋社會的進步是合理的改變，是由於社會的經濟基礎和社會上層結構間的矛盾，以及矛盾的衝突與解決，導致社會型態的改變。要之，社會的下層建築之經濟活動，亦即人之生產勞動及產品之占有、流通、分配等，決定了社會的上層建築。所謂上層結構指財產所有權、政治及社會制度及意識形態等。藉由無產階級推翻資產階級的普勞革命之後，人將重建一個符合人性充滿公道的新社會，在那個無階級、無剝削、無異化的社會裡「每個人的自由發展將成爲全體自由發展的條件」。[5]

5. 歷史主義的史觀

與實證主義和德國唯心主義相反，歷史主義包含一個反玄想的色彩。赫爾德（Johann Gottfried von Herder 1744-1803）在其書《人類歷史哲學大綱》（*Ideen zur Philosophie der Geschichte der Menschheit* 1784-1791）中，否認歷史有一致的發展方向。因爲每個民族依其內在發展原則，表現其獨特精神於文學、宗教、藝術和社會制度。人類生活的目的是爲了達致其人性之實現。此目的的進展並無極限，而歷史本身即爲每一民族潛在天賦的發展。此表示歷史是一有意義和理性的過程。

依據洪博德（Wilhelm von Humboldt 1767-1835）的說法，組成歷史的個體，不論個人或社群，都是一個獨特觀念的具體表現。藍克（Leopold von Ranke 1795-1886）是現代史學的創始者，他認爲每個國家即代表一個「精神實質」，一個「神的思想」。

關於歷史論的方法學，吾人知悉是十九世紀和二十世紀初期幾位德國歷史家和社會理論者所提出的問題。這些人包括德羅伊森（Johann Gustav Droysen 1808-1884）、狄爾泰（Wilhelm Dilthey 1833-1911）、特洛爾奇（Ernst Troeltsch 1865-1923）、麥內克（Friedrich Meinecke 1862-1934）。他們認爲處理意志與意向的歷史與文化科學，基本上不同於自然科學方法：前者是爲追求對獨特現象的瞭解，後者是爲追求劃一行爲的總法則。任何意圖簡化歷史爲一模式，或以綜合概念來認識歷史，即違反了生命的實體。歷史家必須直覺地瞭解歷史的實體，重新活於過去、體驗過去。瞭解歷史主體的過程是主觀的，因觀察者除必須具備理性之外，還得擁有掌握歷史主體的性格與精神能力。因此，所有的認知與價值都帶著文化的包袱。

這種看法走向激進的認識論與倫理的主觀主義。然而，在這種看法下也產生了對古代歷史論的思索與註解。歷史的瞭解是可能的，因爲以往歷史家及其主題都是以「神意」爲基礎的過程，如今則易以生活或生命的理解，這便是狄爾泰所說，它是「生命脈動」的一部分。

三、今日台灣人應有的史觀

台灣當前的政治已經民主化，經濟發展也置身於全球化的競爭網絡中，吾人應該教給子弟——二十一世紀的主人——何種樣貌的歷史，以使他們具備寬廣的世界觀和深刻的歷史觀，以提升國際的競爭力？我們生存在台灣，在政治上台灣與中國大陸尚未形成一統一的政治實體，在司法上互不隸屬，但在民族、文化上，與其政權統治下的人民則有深厚的淵源。吾人子弟應該具備什麼樣的歷史知識才能面對「國家認同」與「文化認同」的糾葛？過去台灣以外貿起家，半世紀的胼手胝足贏得現在的富裕；但經貿永續發展不能只靠優質廉價的勞動力（何況便宜勞力已經過去），對世界各地的民俗、風情、民族、歷史、社會、文化要更廣泛瞭解才可能再發展。所以我們要學習周邊國家的歷史文化，並且用自己的觀點解釋世界秩序。總之，歷史教學的新構想希望我們的子弟能「立足台灣，關懷大陸，進入世界」。

新構想首先重視我們生存發展的台灣，肯定其獨立存在的意義。台灣不是漢人來拓墾才有的土地，原住民並未因漢人的擴張而滅絕，他們直到今日還存在，雖然如今在人口上成爲少數。當一百三十年前馬偕（G. L. Mackay 1844-1901）在台灣北部、中部所見，必麒麟（W. A. Pickering 1840-1907）在南部所見，到處都是平埔族。平埔族不是被漢人消滅了，而是經由儒學的推行、改漢人姓名等等，他們漢化而融入漢文化的洋海當中。台灣史從古老的原住民講起，不只是對原住民的尊重，也是對很多台灣「漢人」的尊重。但建構原住民的歷史不能把台灣孤立起來，它可能與今日中國境內南方的古代民族，乃至現在南洋群島及玻里尼西亞的南島語族有關。根據文化變遷與傳遞的先後順序觀察，甚至有人提出台灣是世界人口遷移時，於歐亞南端的路徑中，是南島諸地區的發源地，亦即今日菲律賓、印尼東部等地的人種都是經由台灣遷徙過去的。故此以台灣史不能囿限於台灣，乃要以包含中國南方、東南部的東南亞做基盤。將爾後的歷史如荷蘭、明鄭，甚至清朝的攝理之歷史，也都應該抱持此種宏觀的角度加以審視，方能與我們當前的命運相連結。在這個歷史事實之下的發展脈絡，這樣的藍圖並沒有排斥清朝統治台灣的事實，也沒有拒斥台灣受到中原文化的衝激之論述。

新構想的第二部分是中國史。對中國史教材的規劃與過去比較不同，採取發展的觀點，應當還其當代「中國」之本來面目，是一種多元民族、多元文化在歷史上不斷分合的波動圖。

舉世研究中國上古史的人都承認中國古代文化的多元性，各地民族文化逐漸融合而形成「華夏文化」，成爲漢文化或中國文化的前身，有共同性但仍然保留特異性。各地中國人都應該從自己那一地區的歷史讀起才合理，譬如長江下游的人，如果只知上溯半坡、廟底溝，反而不知直追河姆渡文化，才是天大的笑話！至於東北、西北、西南等地更不必說，這在中國史學傳統也有它的根源，亦即地方誌的編纂。宏觀地看，當眾多古老文化逐漸摶成漢文化後，一波波往外擴張，改造各地的原住民（尤其在南方），也一波波吸納外來的民族文化（尤其在北方），但歷史的中國大抵以本部十八省爲主。

然而對於歷史上非漢族入主中國統治漢人的時候，我們本諸實事求是的精神，以及古人所說「夷狄入中國則中國之」之義，放在「中國史」的討論之列。不過中國歷史還有另一半也不能忽略，那就是在當今中國行政疆域內的周邊少數民族，以及疆域外與中國民族文化長期交流影響的國家或民族。過去的歷史教育對這一半不是故意抹殺，就是站在大漢沙文主義、本位主義的立場加以輕蔑、加以曲解，此乃形構出不健康的歷史觀與民族觀。

新構想有關歐美爲主體的世界史較少，課程標準的「總綱」既定爲「世界文化（歷史篇）」，教科書規劃當然應以人類歷史上產生過的重要文明爲主軸，雖偏於西亞、北非和歐洲，到近代才成爲全球性的歷史，但對中、南美和撒哈拉沙漠以南之非洲的古文明也應該知所取捨，對橫跨亞、歐、非三大洲的伊斯蘭教世界要適宜的剪裁，對近代歐洲文明也應有我們的取法與批判。

新構想的編撰精神，希望脫離過去以軍事政治爲主的窠臼，而多發掘不同時期不同地區所產生的文化對人類的貢獻。脫離過去中央一元統治的觀點而從各地多元族群、多元文化的眼光看歷史發展。脫離過去狹義民族主義和英雄主義的偏見而本諸人道精神、社會正義追求人間的愛樂與和平。同時也脫離過去對進步開發的盲目崇拜，而多關注人類與自然的和諧以及地球的永續發展。我們的目的只想經由以上介紹，使更多人能認識他身處的環境，瞭解他的文化來源，認識與他最有關係的地域——中國（不論未來兩岸關係如何），也幫助他能順利地走向世界，以免在二十一世紀落人之後。[6]

◆註釋◆

[1] Hexter, J. H. 1968 "The Rhetoric of History," in David L. Sills (ed.), *International Encyclopedia of the Social Sciences*, New York：Crowell Collier and Macmillan. vol.6, pp.368-369.

[2] 布魯格編著，項退結編譯，一九八八，《西洋哲學辭典》，台北：國立編譯館，第二版，第一版，一九七六，頁二五一。

[3] Fetscher, Iring 1958 "Geschichtsphilosophie,"in Diemer, Alwin und Ivo Frenzel (hrsg.), *Philosophie, das Fischer Lexikon*, Frankfurt a.M.: Fischer-Verlag, Neuausgabe, 1964, S.76-77.

[4] 洪鎌德，一九九五，《新馬克思主義和現代社會科學》，台北：森大圖書公司，頁六五—七四；洪鎌德，二〇〇七，《從唯心到唯物——黑格爾哲學對馬克思主義的衝擊》，台北：人本自然，頁六一—七二；洪鎌德，二〇〇七，《黑格爾哲學的當代詮釋》，台北：人本自然，頁二五六—二六二。

[5] 參考洪鎌德，一九九五，前揭書，頁七五—八九，過去把德文*das Proletariat*音譯為「普羅階級」，本書作者認為不妥，今改譯為「普勞階級」，取其普遍勞動的階級之意。同時把「普羅階級」讓給時下「普羅齒科」、「普羅汽車」之用，亦即professional專業的意思。

[6] 引自杜正勝，〈我們要教給孩子什麼樣的歷史？〉，《聯合報》，一九九七年三月二十八日，版十一。

第九章 文化及其進展

一、文化與文化學

1. 文化

英文的文化（culture）一詞在西方來源自拉丁文*cultura*，原指對土地的耕作與植物的栽培，以後引申爲對人身體、精神兩方面的培養。在中國古籍中，意指文治與教化。廣義的文化包括人類物質與精神生產能力、生活方式及一切產品；狹義的文化則指人類精神層面的生產能力、方式及產品而言，因而包括一切社會意識形式以及相應的社會制度與組織機構。文化是人類活動及其產品總體的模式（total pattern），這些行爲與產品具體化在人的思云言行及人工製品中。文化是靠人類透過工具、語文和抽象思維的方式學習而得，經由歷史而傳承，以及經由傳播交流而擴散。黃文山以「文化的科學」的立場爲文化下達下列定義：「文化是人類爲生存的需求，在交互作用中，根據某種物質環境，由動作、思想，和創造產生出來的偉大的叢體或體系。」[1]

(1) 生存需求

人類爲生存而活動，也因活動而生存，生存之方式爲相互競爭與彼此合作，競爭與合作（簡稱「磨和」）所依靠的工具就是文化。人類以外非活動的事項，例如天象、地質等，屬於自然界的現象，都不是文化系的領域。反之，凡活動的事項都是人類由動作情感理智運作的產品，都是文化系的領域。文化系領域內的一切事物，無一不是人類爲著生存與發展的需要而產生的。

(2) 交互作用

群體不是一個生物有機體，而是人與人之間交互作用的形式；換句話說，群體是人類相互關連的行動（interconnected action）或個人之間的行爲（inter-individual behavior）的結晶。文化就是群體存在的一種「功能」，倘若沒有這種交互作用，不但一切文化發展絕無可能，就連各個人的存在也成問題——儘管不是生理的毀滅，而是「個己」、「人格」，以及在群體中一切其他人類特徵之毀滅。孫本文說的好：「文化不是個人的產物，而是團體的產物。文化的繼續保存，決不是個人的事，總是一團體共同的事。在某團體中，具有某團體的文化基礎，而後產生某種文化。一個人的發明，必由於利用他所居住團體的先在或現存文化材料。他決不會毫無依傍地而獨自創造的。」[2]

(3) 物質環境

社會是由人群集合而成，人群的集合，如果達到相當的密度，便依著環境的情形，分居陸上或水上，或聚居於城內，或是散住於鄉間。某個社會占據相當的領域，其土地之大小和外形（物質環境）爲文化生活中的重要條件，所以一切文化如沒有相當的根據，是斷然不會憑空產生的。

(4) 動作、思想和創造

文化一方面是人類動作所產生的總體，他方面又是思想創造的結晶，所以把文化看作只是心靈所開闢出來的事業，或只是人類集體勞動所創造的環境，都只看到文化的一個面向而已。德國文化史家福立德爾（Egon Friedell 1878-1938）對於人類文化，曾作如下的表達：

- 人
  - 創造
    - 表現於藝術、哲學宗教者。
  - 思想
    - 表現於發明和發現、科學和技術者。
  - 動作
    - 表現於經濟、社會、國家、法律、政治、教會與風俗者。

生的總業績。

根據上表，我們最少可以感覺到文化就是人類過去和現在由動作、思想，和創造所產生的總業績。

(5) 偉大的體系

任何部族、種族、民族都有一種普遍的或共同的文化結構——他們具有交通和運輸的模式，家庭、住宅、衣食、產業的模式，乃至政府和戰爭的模式，以及藝術、神話、知識、宗教、娛樂和遊戲的模式——一切這些模式，便構成了偉大的叢體或體系。[3]

2. 文化學

什麼是文化學？「文化學是以文化現象或文化體系爲其研究的對象，而企圖發現其產生的原因，說明其演進的過程，求得其變動的因素，形成一般的法則，據以預測和統制其將來的趨勢與變遷之科學」。[4]爲了說明這個定義，須先注意兩個論點：

(1) 文化學的對象，爲文化的生成演變，凡未經任何科學或文化科學，作系統的研究，可能屬於文化思辨、文化哲學的範圍，而不是嚴格意義下的文化學。

(2) 文化學所研究的文化現象或體系，及其研究所採取的觀點，不但在邏輯上爲一致，而且在科學上也很重要。現在先說明文化學的觀點，次及文化學的對象。[5]

文化人類學者和文化社會學者大抵主張：文化的研究，屬於概括化的科學的領域。前者採用文化的術語，標示研究社會現象的特殊方法，而名之爲「文化途徑」（cultural approach）。美國鮑亞士（Franz Boas 1858-1942）所領導的人類學派之重要著作，便以此種「途徑」和概念，爲研究社會生活之唯一路線，其研究的結果便形成「文化社會學」（Cultural Sociology）和「文化人類學」（Cultural Anthropology）的學門。[6]

文化學的研究對象，既然就是文化現象或文化體系，但近來有頗多社會學者，總以爲社會學才是研究文化的科學。例如文化社會學者韋里（Gordon R. Willey 1913-2002）不贊成把社會學當做綜合科學，因爲他覺得一種科學，討論到地理、生物、經濟，及其他因素，這樣的概念，終落於社會哲學的窠臼，所以他從新的方向進行研究，開展一種新概念，認爲社會學是「研究文化及人類適應這種歷程的科學」。他又根據泰勒（Edward B. Tylor 1832-1917）的文化定義，以「文化的始源、生長、分播、繼續的歷程」，構成了文化社會學的研究範疇。

二、文化學中重要的詞彙

1. 文化體系

文化體系乃文化內容與其形式的有機結合。人類文化本身可以看成是一體系，但以次級體系（sub-system）形式出現的不同歷史階段或不同區域的人類文化，也可在相對獨立的意義下構成一個文化體系。

2. 文化結構

文化結構乃文化系統中諸要素的結合，其內部結構是指由文化質點、文化叢結、文化模式所構成的有機體；而外部結構則指因文化存在不同地域所形成的文化區域所共同組成。

文化結構同時可分成表層結構、深層結構。表層結構涉及文化內容及形式，可為人類感官所及；深層結構則指諸形式之間、諸內容之間、形式與內容之間的內在關係，此一內隱的文化只有透過抽象思維才得以掌握。

3. 文化模式

文化模式是在特定歷史條件下，受各種自然與社會因素的制約，以相對穩定的形式反映出人類生活的文化結構中的一個組成部分。

文化模式源起於文化人類學歷史批判學派對文化的系統研究，他們認爲文化結構中最基本的單位是有著特殊型態、功能和歷史的文化個體，稱文化質點；許多文化質點按一定方式聚合在一起稱文化叢結；文化模式是許多文化叢結有機地聯繫而構成的統一體。

美國人類學家克魯伯（A. L. Kroeber 1876-1960）曾說：「任何一種文化都是一個複合體，並且是內部各種成分混合長成，這些成分有些自古即有，也有自別的文化借入；其次，每個文化傾向於發展特有的組織，這種組織是自成一體、首尾一致的。每一文化都會吸納新的東西，依照自己的文化模式，將這些新的東西加以重新塑造。」

4. 文化類型

文化類型是歷史學和文化學在進行文化分類研究時使用的，一種以經過選擇並互相作用的各個特徵或各組特徵爲主要內容的結構。這是以研究對象的特殊問題爲根據，進行文化樣式上的分類。

在所有類型中，最具有區別性的是社會學或政治社會學的特徵，可以按照慣用的價值定向、整合原理或風俗習慣的複雜程度作爲類型學的探索。

三、文化的要素

1. 文化與社會

文化的存在與發展固然是人類互動的表現與結果，也有賴自然提供的物質基礎作爲文化展現的脈絡（context），但文化生成與發展的場域則爲社會。是社會的成員之個人與群體將文化內化於其本身（社會化），才會把文化的內容與形式代代傳承下來，或由一社會蔓延到另一社會，成爲文化的傳播（cultural diffusion）。換言之，文化乃是社會組成分子代代相傳的生活方式，作爲社會方式的文化內容包括知識、信念、藝術、道德、法律、習俗和人類藉互動、學習而得的和本身創造的典章制度。

因之，文化包羅萬象，是人在社會中與別人直接或間接來往中學習、模仿、創造的事物。文化既然要靠社會來生成發展，文化也使社會的存續變遷成爲可能。因之，我們可以說文化創造社會，社會仰賴文化，兩者是處於相互依存的密切關係。

2. 文化主要的構成成分

(1) 社會規範：習俗、公序良俗和法律

習俗（conventions）是社會群體日常操作行爲的約定俗成，亦即建立的、簡單的慣習（customs）。這是一般人都視爲當然的作爲，一旦違犯，便被視爲奇怪與不協調。公序良俗（mores）則爲人類生存所必要的社會規範與文化繼續存在的必要手段。這包括良法美意、適當的禮儀和良心、道德的訓誡。譬如在公眾之前解衣寬帶，便是有違公序良俗的行爲（但在天體營內則另當別論），也受輿論甚至法律的追究。

法律（laws）爲公家（立法機關、官署等）制定與執行的規律，具有公共威權的效力，任何違犯都有被懲罰處置的可能。

(2) 社會制度

這是建立起來的複雜的行爲模式，俾社會群體可以獲致其追求的利益。例如政治制度在爲社會的安全、秩序與變遷提供公共討論、決策的機構，以及其運作的方式和權限。經

濟制度則爲社會貨物與勞務的生產、流通、分配、消費提供各種機制。孫末楠（William Graham Sumner 1840-1910）把社會制度分成四類：人員、設備、組織與儀式。人員爲涉及社會怎樣甄拔成員擔任適當職務的機制；設備則牽涉到群體擁有的物質的（學校設備）、或非物質的（校風、治校方針）東西，俾完成設定的目標（教育與學習）；組織的社會制度則牽連到人員與人員之間、人員與設備之間如何搭配、發揮功能的問題；儀式的社會制度則爲上述風俗習慣、道德、法律等規範人群社會行爲之禮儀。

(3)人造產品（artifacts）

嚴格而言，文化並不是物質，而是精神的表現，例如人的態度、思想、理解、人際關係等等。不過每一社會都強調如何製造器具，來便利人群生活的知識及其傳承，是故文化產品乃爲人類製成的人造產品，亦即將人的經驗、技術、創意加在自然之上，進而改變自然的製成品。在現代先進社會中，人如果不懂使用或利用e-mail，電腦、手機、數位相機、對講機、超級市場、快速食品，他便難以生存，或是無法生存得愉快。

(4) 語言

這是一套由詞彙（字）、詞義、語法結構而成的符號體系，俾作爲社會成員彼此之間或與其他社會成員之間溝通的工具。語言是內生於社會與文化的人類之特殊工具。霍夫（Benjamin Lee Whorf 1897-1941）認爲每一種語文或方言都具體而微地體現該使用族群的世界觀，同時也把他們特殊的世界觀保持與擴大。使用同一語言的族群也就在同樣的文化中相互溝通。文化的接受與遵守也被鎖定在該社群的語言中。反之，懂得其他外地方言與外語的人常穿越或超脫文化的區隔，而增大其視野和見識。

(5) 社會價值

社會價值是促成社會制度操作而發生功效的動力，也是該社會與文化進步或變化的驅力。在西方文化中，誠實、勇敢、公正、守法、尊重別人的權利成爲一類的社會價值，同樣追求成功、成名、健康、財富、開明也是另一類的價值。

個人對價值的熱望與追求每每反映該社會嚮往的理想。西方，特別是英美社會，是一個重視個人與物質利益的社會，因之，鼓勵個人冒險犯難、拓展擴張的精神成爲該社會追求的價值。但其所造成的結果，可能一方面是個人權利與福祉的增大，但另一方面則爲家庭、社團、國家等團體精神（和睦團結的精神）的趨於淡薄。[7]

四、文化的統合與變遷

1. 文化的統合

全世界各種文化有其共通的部分，也有其相異的部分。共通、或相似的部分稱之爲「文化的普全」（cultural universal）；相異的部分，亦即彼此不同，但可有不同選擇項或替代項，則稱爲「文化的替代」（cultural alternatives）。前者如對超自然、最高精神事物的膜拜，也就是宗教，都存在古往今來東西各種文化之中，謂文化的普全之一。後者如中華文化對老人的敬重，歐美文化重視青春的形象，都可以說隨社會與文化之不同，年紀的增長被看重或看輕的不同情形。

所謂的文化的統合是指某一文化內在的融貫一致與同質程度很高的情形而言。一般來說，顯示同質性高的文化或爲古代的文化、或爲初民未受現代文明染污的文化。而一向有世界人種大熔爐之稱的美國文化，則表現爲多種的、異質的、複雜的結合，是多元主義的表率。自一九六〇年代以來，美國因爲社會價值觀的變化，於是「每人做自己想做的事」（自掃門前雪、自求多福「Do your own thing」）成爲社會主導性的價值。此風固然造成社會統合的威脅，但社會學家或政府是否該插手干涉，倒是引發爭議。

社會的統合固然有助於社會認同體或社會單元的繼續存在，但古今東西的社會都無一不在轉變（transition）中，是故社會學家、文化學家更注重的仍是社會變遷和文化變動。

2. 文化的變遷

每一社會的文化經常在演變，爲的是適應新的情勢。人類向來視變遷爲事物發展的必然途徑，至於變化的大小每隨時空、事件等因素而異。例如刺激變化最大者莫若國與國之間、族群與族群之間的戰爭。戰爭的勝負造成的結果就是劇烈的變化。因之，儘管和平主義者、利他主義者、人道主義者努力防阻戰爭的爆發，人類歷史上大小的戰爭數量之多、次數之頻繁、結果之慘痛可謂罄竹難書。

除了戰爭之外，暴亂、叛變、革命、天災、人禍，無一不造成社會的動盪與文化的震撼。自古至今，這些變遷的速率有愈來愈快的感受，而其衝擊也有愈來愈大的趨勢。此外，農耕發達之後，米糧除現吃之外，還可儲存、運送，於是市鎮繼鄉村之後出現，人口大爲膨脹。爲了滿足嗷嗷待哺的人口之增多，改善糧食生產的知識、科技、肥料逐一發明。隨著而產生的實業革命，改變了人類生活與生產方式（工作場所與家庭之分開）。人的生活物質條件大爲改善，其知識水平也因印刷術、學校等的利用而提高，科技應用尤其改變人類生活之面目。要之，造成文化變遷最主要的因素厥爲[8]：

(1)**科技的發展**：科技的發展是隨著大發明和大發現以俱來。不只新大陸、新航線的發現，或是蒸汽機、引擎動力系統的發明，使近世人類的文化視野擴大，文化內容豐富加深，就是非物質性的發明發現，像疾病健康保險、老年保險、各種老年福利、城市發展計畫，皆有助於人類生活品質的提升。而所有的發明無過於文字、數字的發明，以及知識傳授、擴大的機制（學校、傳媒、傳訊管道等）之建立與運用。

(2)**文化散播**：這是把文化的特質、內容與形式由一社群傳達與擴散至另一社群的過程。因爲每一社群無法始終只使用本身所創造與發明的文化，而是經常要輸入和借用其他社群業已使用有效的文化，文化的交流、傳播、散開才有可能。一個社會如閉關自鎖不與其他社會來往，則其社會的發展不是陷於停滯便是靜態的。反之，接觸愈多，愈能回應別的社會的挑戰，則該社會之發展愈趨快速，而成爲一個動態的、具生命韌力的社會。

(3)**理念和意識形態**：每一社群都會因爲特殊時空、人事的因素而發展獨特的文化出來，其中所包含對新事項（價值、規範、方式等）之看法與想法，便形成爲新理念。把理念加以系統化，當成信仰遵守的規範，或是有待實現之理想目標，便是意識形態。儘管意識形態被拿破崙和馬克思所排斥，或視爲徒託空言脫離實踐，或爲虛幻扭曲的事實錯覺，人群向來自覺地或不自覺地生活在這種意識形態（世界觀、人生觀、價值觀）當中。由是文化的變遷與個人或社群採取何種理念、何種意識形態，或是改變何種理念、何種意識形態攸關[9]。

(4) **集體行動**：大部分人類的文化變遷是在較長的時間中逐漸緩慢地進行，也多半不受著什麼特定的機關或人物的左右。但當前各社會文化變遷速度變得加快，範圍變得加大，都是由一小撮「有心人」，或「有力者」主催發動的。在當今的世界，群體的行動一般指國家的行動。狹義的國家爲政府，則集體行動最有力者莫過於政府的行動。例如日本明治維新，便是由明治天皇及其領導之政府削藩廢除封建，而躋身工業化、軍事化的現代強國之行列中。而二十世紀最大的變化爲前蘇聯與中共採用馬列主義做立國精神（黨政與社會的意識形態），把以農爲主的、落後的、非工業化的國家轉變爲現代化社會主義的國家，儘管前蘇聯的社會主義在一九八九年後徹底轉向，甚至導致舊蘇聯的崩解，而中國在倡言改革開放之後，並沒有因爲鄧小平這位改革總工程師之退隱與逝世，而放棄其「有中國特色的社會主義」之路線，但這一切在在說明一個擁有槍桿子權力的政權，其集體行動對社會與文化之改變，扮演何種重要的角色。

(5)地理與氣候：當人們在地球某一地區住久了，便要設法適應該地區之氣候、天然位置、自然資源等等的物質條件。以新加坡爲例，爲南洋蕞爾島國，全島面積不過六百四十平方公里，卻已住了四百萬的人口。由於位在熱帶赤道線上，因之，這個島國大部分居民生活在濕熱的氣候下，無論住房、學校、辦公廳幾乎都裝有冷氣機。是以能夠在裝有冷氣機之清涼的辦公廳中工作，成爲新加坡人在職業選擇時的第一項優先考慮的因素。這與寒冷的北歐人尋求陽光，喜作陽光浴的渡假方式截然不同。新加坡因爲地狹人眾，加上一黨（人民行動黨）獨大，因之，政府對百姓的監控頗嚴，打擊反對黨的手段也十分凌厲，所以群眾政治參與的文化，與台灣不可同日而語。這表面上雖然與地理氣候無涉，而是政治制度或集體行動或意識形態在背後操控。但以李光耀背後指點，而由其長子李顯龍主政的新加坡領袖卻強調有力的政府之領導，才不致與鄰國發生齟齬磨擦。這就說明地理仍舊是決定新加坡人民政治參與文化低落的一個原因。[10]

◆註釋◆

【1】黃文山，一九六八，《文化學體系》，台北：台灣中華書局，頁十。

【2】孫本文，《文化與社會》，頁五，轉引自黃文山，前揭書，頁十一十一。

【3】黃文山，前揭書，頁十一十二。

【4】黃文山，前揭書，頁二八。

【5】黃文山，前揭書，頁二八一三一。

【6】文化人類學的定義和流派可參考洪鎌德，一九九七，《人文思想與現代社會》，台北：揚智，頁二九九一三一九。

【7】以上參考Hunt, Elgin F. & David C. Colander 1996, *Social Science: An Introduction to the Study of Society*, New York：Mamillan, 9th ed., pp.106-111.

【8】Hunt & Colander *op. cit.*, pp.114-117.

【9】洪鎌德，二〇〇四，《當代主義》，台北：揚智，頁三一十七。

【10】洪鎌德，一九九七，《新加坡學》，台北：揚智，第三版，第三十三頁以下，初版一九九四年。

第十章 文明的發展與衝突

一、文明的意涵與概念之演變

文明（civilization）是人類改造自然與社會的物質和精神成果的總和，是社會進步和社會發展狀況的標誌。這是一個涵義非常廣闊，界線非常不明顯的詞彙。在英、美、法等國有時當做文化的同義詞，有時則把它與文化分開。德國的學者一般視文明爲有異於文化的事物，它可能指涉無數代前人傳承下來、保存下來提供日常生活之所需的知識和技藝而言，也指涉技術面、物質面人類生活的利益，以別於精神的、文化的事物；有時又視爲外表的、膚淺的秩序或習俗之表現等等，不一而足。[1]

文明一詞在中國古籍中早已出現。《周易》〈乾卦〉、〈文言〉中就有「天下文明」之說，用以表述社會的開發狀況和指稱美好的事物等。在西方，「文明」一詞源於拉丁文 *civilitas*，意即公民的、有組織的，指公民所處的實際之情境，其生活品質與社會生活的規則等，其使用即相對於無政府無法則的野蠻狀態（barbarism）而言。

十八世紀法國的百科全書派認爲，文明是指人類社會將要達到的那種有教養、有秩序、公平合理的高級發展階段，而這個階段的具體情形仍是朦朧的。他們使用文明一詞，表示他們對人類歷史發展之進步趨向的信心與樂觀情懷。

十九世紀初，由於人種誌學、考古學和傳教士以及旅行家的發現，人們看到了一個又一個光輝燦爛的古代文明，由此改變了法國啓蒙思想家關於文明的看法。新的觀點認爲，文明不僅存在於未來，也存在於過去；不僅存在於西方，也存在於東方或其他尚未開發的地區。文明作爲一個複數概念已被接受。在這個意義上，文明是與蒙昧、野蠻相對的概念，是指人類的開化狀態。

十九世紀下半葉，摩爾根（Lewis Henry Morgan 1818-1881）把人類社會的發展分爲蒙昧時代、野蠻時代、文明時代。他的著作《古代社會》（1877），認爲只有藉著音標而形成的語文（或象形、楔形文字）之社會才算達致文明的階段。他對文明的理解事實上牽涉到社會體系和社會組織：由血緣親族社群發展到地緣功能性的政治組織，是走向文明的里程碑。在區分人類由蒙昧、野蠻而進入文明的演化階段時，他也留意生產方式，包括水利灌溉對農耕社會之重要性。

這些觀念曾激發馬克思對古代社會與人類學研究的興趣，可惜閱讀這些資料的一八八○—一八八一年已是馬克思健康狀態惡化與家庭成員病重之際，馬克思遂無法對摩爾根的學說提出評論。對此恩格斯在《家庭、私有制和國家的起源》（1884）中予以發揮：在人類文明史上，奴隸社會、封建社會、資本主義社會都曾產生與之相適應、相搭配的文明。

社會主義社會實行生產資料公有制，民眾成爲國家的主人，因而能夠創造有史以來最高類型的文明。

恩格斯還提出分工的加強、形形色色的商人群體對貨品的交易、私有制的發展、財富的集中，以及社會之分裂爲階級等等都是促成文明產生的主因。其中士紳（gentile）階級的崛起，轉化成擁有公權力與課稅權力的官員，促使領土國家的出現。由是可知社會階級與國家的出現是文明過程重大的標誌。至於城鄉的分離及其不同文化的發展，恩格斯則未曾觸及。

與摩爾根和恩格斯一樣靠歷史資料的發掘與人種誌、人類學知識的援用，而提出文明的理論的是泰勒（Edward Burnett Tylor 1832-1917）。泰勒利用考古人類學的資料去探尋早期的社會及其文明。

進入二十世紀，特別是第二次世界大戰以後，由於文化人類學與社會人類學的發展，文明一詞逐漸從學者的專業術語變爲社會大眾通用的名詞，它的意涵也不再僅限於指稱人類脫離野蠻的那種高級開化狀態，而是指迄今爲止人類社會發展所取得的最先進成就。如城市化、工業化、高度的科學技術、高度的職業分化。社會階級階層分化，完善的政治、法律制度，良好的社會風尚，人的精神文化素質的提高等，都是一個文明社會不可缺少的要素。

出生於澳洲而執教於愛丁堡大學的考古學家查爾德（Vere Gordon Childe 1892-1957）強調以經濟、社會、文化等要素來理解文明，而不只是在人造器具中尋找文明的蹤跡。對他而言，文明的焦點便是城市。城市是新的社會秩序之一個典型，是故對他而言，在文明中城市的出現即代表著「市集的革命」（urban revolution）。他這個觀念刺激了雷斐德（Robert Redfield 1897-1958）對城鄉關係的歷史考察。他發現由族群（folk community）演變成文明社會爲人類文明演進之途。對他而言，道德秩序的制度化、大傳統與小傳統的相倚存，以及農村社會所代表的文明基礎都是文明的發展特徵。

出生於德國而在納粹當權時到英國避難，後來成爲曼徹斯特大學社會學教授的艾利亞士（Norbert Elias 1897-1990）曾經撰有《文明化過程》（*The Civilising Process* 1939）一書，初爲德文，後譯爲英文（1982），而獲得世人的矚目。在該書中艾氏認爲文明的發展過程在於把向來對人類外部行爲規範的機制，轉變爲人類內部的、道德的規矩。其次他批評功能主義與結構主義把這種文明化的過程，亦即社會的過程加以「物化」。因之他主張取代這些結構與功能的社會解說爲一種過程的社會解說。這種過程或稱爲樣態的社會學（figurational sociology），在於把社會的過程視爲變動不居的、沒有終止的人際關係之總和及其流動。在此情形下，不該談「文明」（civilisation），而應談「文明化過程」（civilising processes）。[2]

二、文明之建立與判準

凡文明的社會必定是階層化（stratified），也是部門化（segmented）的社會，其文化也相搭配、相適應地呈現爲各種各樣的不同（diversified）。這樣的社會必然呈現出有機的異質性（organic heterogeneity），這是意指文化涵蓋、或可區分爲種種次級文化，而次級文化的功能之分歧是在一個文明總體的文化架構上呈現出來的。以進化論的觀點來說明，文明的成就是指一個社會與文化發展的某一階段之表現而言。

文明的成就首先表現在有效的食物生產，因爲文明的經濟基礎爲農業生產力。其次是技術的發展，再其次爲社會倫理秩序的建立。要之，衡量文明與野蠻之尺度爲社會的、道德的和知識的發展程度。

在社會方面，又因社會分工、統治階級對生產資料之控制、交易的管道，以及政治結構、包括發號施令的權力中心之設置而成爲建立文明之首務。

在道德倫理方面，人生觀、世界觀的型塑，道德規範、上下統轄制度、不同位階宗教信仰制度的出現、人與神關係的重新釐清等等，足以顯示文明發展的軌跡與路徑。

在知識的領域上，文明之產生是與思辨、時間意識的擴大、科學之誕生、文字之傳播、時空座標之確定等知識，以及科學活動有關。

在人類即將脫離野蠻進入文明之前，兩個群體的崛起對推動文明的誕生扮演重要的角色：其一爲行政人員，其二爲把知識、經驗加以記錄整理的祭司、僧侶與學者。仰望天空的星辰與觀察四季變化固然爲農耕之方便，也激發人類探索宇宙神祕，而增加其探測、計算、術數、推理的能力，加上文字的發明流傳而便於智識的累積與傳播。文明一旦產生，人類也增加了美感經驗，於是複雜、精緻的藝術不斷發展，高雅藝術與民俗藝術相互交融，使人類美的創造與欣賞能力也水漲船高，逐步提升。[3]

三、物質文明與精神文明

文明既包括物質技術方面的先進成就，也包括精神方面的先進成就，即物質文明和精神文明。物質文明和精神文明並沒有嚴格區隔的界線，是不可分割的。物質文明是精神文明的基礎，而精神文明給物質文明提供智慧、力量和秩序。

1. 物質文明

物質文明是與精神文明相對而言，是人類物質生產積極成果的總和。它表現爲兩個方面：一是指社會物質生產的進步，包括生產工具，生產規模的擴大，社會財富的積累。二是指人們物質生活的改善，包括人們衣、食、住、行等物質生活水平的提高和物質生活方式的進步。

在人類文明的集合體中，物質文明是基礎。物質文明是物質生產力發展的現實表現，是人類在實踐過程中不斷改造自然界的結果。人類文明的發展主要取決於社會經濟基礎的變化，特別是物質生產的狀況。物質文明的發展水平決定於物質生產力的水平。同時，精神文明對物質文明也具有制約、推動作用，它保證物質文明建設的正確發展方向，精神文明中的「文化」部分可直接轉化爲物質生產力。

2. 精神文明

精神文明是與物質文明相對而言，是社會精神生活積極成果的總和，表示著人類社會精神生產、精神生活的進步狀態。它表現爲兩個方面：一是指文化方面，包括社會文化、知識、智慧的狀況、科學、教育、文學、藝術、衛生、體育、休閒等事業的發展水平以及與此相適應的物質設施、機構的建設。二是指思想方面，包括社會的政治思想、道德面貌、社會風尚和人們的世界觀、人生觀、理想、情操、思維方式以及組織、紀律的狀況。

上述兩者相互影響、相互滲透，其中的思想方面即意識形態方面是決定性的因素，它決定一定社會歷史條件下精神文明的性質和水平。在人類文明集合體中，精神文明有著很重要的作用，它是物質文明的靈魂，爲社會物質文明建設提供思想指導，保證物質文明建設沿著社會發展客觀要求的方向前進。透過協調和處理經濟、社會、政治思想領域各種矛盾，精神文明也爲物質文明建設提供良好的社會環境。[4]

四、文明與文化

在德國，對文明一詞的用法和法國不同，十九世紀的德國學者習慣於把文明和文化對稱使用，他們把人類社會的精神成就稱作文化，而把物質成就稱爲文明。這種用法有時不易區分。早期歐洲學者一般不做嚴格的區分，把文明和文化當作同義詞使用。例如，英國文化人類學家泰勒（Edward B. Tylor 1832-1917）在一八七一年出版的《原始文化》一書中說：「文化或文明，在人種誌學中是一個複雜的整體。」他認爲文化與文明所稱的對象是相同的。

然而使用兩個概念指稱同一對象必然會含混不清。波蘭裔的英國人類學家馬立諾夫斯基（Bronislaw Malinowski 1884-1942）主張把它們區分開來。他在《文化論》一書中指出：「『文化』一詞有時和『文明』一詞相混用，但是我們既有這兩個名詞，最好把它們分別一下。『文明』一詞不妨用來專指較進展的文化中的一個特殊方面。」在他看來，文化是一個總概念，指人類所創造的一切物質和非物質成就；文明是一個分概念，指文化發展中的進步方面。任何時代和地域的民族、部族或人群都有自己的文化，但不一定都有文明，或說文明發展的程度不一。

史賓格勒（Oswald Spengler 1880-1936）分別文明與文化，他認爲不存在全人類的文化，而是有各地區各國度自行發展的文化，每個文化的週期大約一千年，因之，可視爲文化相對主義的主張者，他以四季的發展來說明每一文化經歷了春夏秋冬的發展階段，這是一種生機的譬喻（organic metaphor）。每一社會的生命週期中呈現了文化與文明的區隔。最先充滿盎然生機、多采多姿的是文化發展期，後來出現的則爲文明發展期。文明期是社會生命週期臨終的表現，各種文化創造活力與性質逐漸落實僵化而呈現於外表，不像文化發展期那樣內斂。文明期的社會已發展爲國家的形式，國家藉科技的掌握及強大的意志而造成數量上的優勢，從而取代文化發展期質量的優勢。

阿爾弗烈特・韋伯（Alfred Weber 1868-1958，瑪克士・韋伯之弟）則分辨文明過程與文化過程之不同，他認爲前者爲累積性與繼續性，後者則爲跳躍性與不可測性。文化無法藉因果律來分析，它是產自人們「內在的揚棄與超越」（immanent transcendence）。

五、人類文明的發展

人類文明（物質文明和精神文明）的產生與社會發展到一定階段就會出現物質生產與精神生產相對分離的現象。人類活動的早期，物質生產與精神生產渾然一體，這是蒙昧時代和野蠻時代。當時由於物質生產力極其低下，人們的思維水平也很低，不存在嚴格意義上的精神生產，也不存在嚴格意義上的人類文明。只有到了原始社會末期，物質生產力發展到一定的水平，產生了體力勞動和腦力勞動的分工，物質生產與精神生產開始分化相對獨立出來，人們不僅要求獲得物質財富，也追求精神的財富，於是數學、各門自然科學技術及政治、法律、道德、藝術、宗教、哲學等社會意識形態領域也廣泛地發展起來，人類從此進入文明時期。

任何一種文明都是對以往文明的繼承與發展。人們創造文明的活動，離不開既定的現實條件，這些條件即以往人類文明的積累，它在很大的程度上制約著新一代文明發展的性質和規模。新文明對舊文明的取代並不是對舊文明的全部否定而重新開始的文明建設，而是揚棄、清除以往文明中陳舊落後的消極因素，保存和發揮積極的有價值的因素。文明的交流是文明發展的必要條件。各民族、各地區在發展文明的過程中，都累積了具有各地區和民族特色的文明成果，形成不同的文明傳統。他們各有千秋，只有進行交流，才能截長補短，互相充實。

文明既然是指文化的進步方面，就和某種價值觀相聯繫，文明是一種價值判斷。由於研究者或觀察者的價值觀和出發點不同，對於什麼是進步、什麼是文明的判定就不一致。法國學者傅立葉（Charles Fourier 1772-1837）把人類社會歷史的全部歷程分爲四個發展階段：蒙昧階段、宗法階段、野蠻階段和文明階段。文明階段就是從十六世紀發展起來的資本主義制度。法國社會學家孔德（Auguste Comte 1798-1857）則認爲，任何文明都必須經過神學階段、形而上學階段，最後進入實證階段才能達到完善的地步。與此相應的社會發展所經歷的三個時期是：軍事時期、過渡時期、工業時期，這也是文明所經歷的不同階段。美國人類學家摩爾根（Lewis H. Morgan 1818-1881）於十九世紀中葉依據他對北美印地安人的研究成果，將人類社會進入文明的時間向上推移了幾千年。他認爲，人類歷史的發展經歷了七個階段，即低、中、高級蒙昧階段，低、中、高級野蠻階段，以及文明階段。文明階段從標音字母的發明和文字的使用開始，就是說人類社會自原始制度的後期、或奴隸制度的初期便進入了文明階段，因此才有古希臘羅馬文明、古印度文明和古代中國的文明。

馬克思和恩格斯曾在多種意義上使用文明一詞。有時，他們對文明的界定和傅立葉是一致的，文明就是指資本主義制度產生以來創造的一切。例如馬克思說，城市和鄉村的分離，也可以看作是資本和土地的分離。城鄉對立是隨著野蠻向文明的過渡開始的，它貫穿著全部文明的歷史並一直延續到今天。恩格斯也認爲，產業革命發生於十八世紀下半葉的英國，後來相繼發生於世界各文明國家。馬克思和恩格斯有時也把古希臘羅馬文化和東方古代文化稱做文明，這時文明並非專指資本主義。綜觀他們對文化的理解，可以把人類歷史上出現的文明概括爲原始文明、封建文明、資本主義文明和社會主義文明四種形態。

六、文明的衝突

國際知名的哈佛大學政治學者杭廷頓教授（Samuel P. Huntington 1927-2008）在一九九三年初夏於《外交事務》季刊發表〈文明的衝突？〉（The Clash of Civilizations?）長文，引起了文化界及國際關係研究圈的極大震撼。他指出，文明衝突將取代政治、經濟衝突，成爲國際事務的核心，而且非西方文明即將與西方文明對決。他鄭重表示，現代化不必然代表西方化，日本就是例子。他斷言不會出現一個全球性的文明，因而大家必須學習在這個文明歧異的世界裡和平共存。他還提醒西方，要準備去適應一個權力均勢快要落入他人手中的新世界。

根據杭氏的說法，文明衝突是現代世界衝突演進史的最新階段。隨著韋斯法利亞和平條約的簽訂（1648），現代國家體系乃告誕生，此時出現在西方的衝突爲王侯與王侯的爭權奪利，亦即民族國家之間的爭執。其情勢一直發展到第一次世界大戰結束之後，才轉變爲意識形態的抗爭，首先是共產主義、法西斯主義、納粹主義和自由民主思想的大混戰，後來在第二次世界大戰後，只剩下共產主義和自由民主體制的大對決，其具體表現爲冷戰時代東西陣營的對峙。但以上的衝突不過是西方文明之內的對抗，可稱爲「西方的內戰」

（William Lind語）。

隨著冷戰的結束，國際政治走出了西方內戰的階段，西方文明與非西方文明之間的互動，成爲新的焦點。在文明相爭的政治中，非西方文明的民族與政府，不會再是歷史的客體，而是變成歷史的主體，與西方一樣來驅動與塑造歷史。

除了人類與人種兩詞之外，把人分門別類的最廣泛的標準就是文明。文明是以客觀的共通要素——語言、歷史、宗教、習俗、典章制度——以及主觀因素——人民的自我認同、命運共同的覺識——來界定的。文明是動態的，有興衰也有分合。文明的認同問題在未來會愈顯重要，而世局的走向將依照七個或八個主要文明的互動而定。

這些文明包括西方文明、儒家文明、日本文明、伊斯蘭教文明、印度文明、斯拉夫族東正教文明、拉丁美洲文明，並且可能再加上非洲文明。未來的最重大衝突，會在分隔各個文明的斷層線爆發。爲何會如此呢？

第一，文明與文明之間的歧異不僅是實存的，也是最根本的。歷史、語言、傳統，還有最具關鍵的宗教，使得各個文明彼此分殊。不同文明體系下的人民，對於神與個人、個人與社會、人民與政府、父母與子女和丈夫與妻子的關係，看法都不相同，而且對於權利與義務、自由與權威和平等與尊卑觀念的輕重之分，也都不一樣。這些歧異比政治意識形態及政權類型之間的歧異，還要根深柢固。人類歷史上最持久而且最暴戾的衝突皆因文明歧異而生。

第二，這個世界愈來愈小，不同文明體系的人民互動正日益頻繁，這些增多的互動強化了文明意識，讓大家更清楚文明歧異及共通性。不同文明體系的人民互動，會提升各自的文明意識，而把潛藏在歷史深處的文明歧異與敵意再度引發出來。

第三，全球經濟現代化與社會變遷的過程，正在使人們脫離經年累月的地域認同，原本是人民認同對象的民族國家，地位已經削減了。在很多地區，宗教已經以「基本教義派」運動的形貌，取代民族國家，成爲人民新的認同對象。[5]

第四，由於西方文明到達頂峰，而使各種文明意識大爲增強，非西方文明正大舉出現尋根的浪潮。在許多非西方的社會，菁英階層正日益本土化及反西方化，而平民大眾卻日益擁抱西方的文化與生活方式。

第五，文明特徵與歧異若和政經特徵與歧異互相比較，則前者的恆常性比較強，因而比較難以用妥協的方式解決衝突。在意識形態的衝突中，主要的問題是：「你站在哪一邊？」但是在文明衝突中，問題卻是：「你是什麼人？」我們是什麼人多半是先天已決定好，無法加以改變。

第六，經濟地域主義正日漸昂揚。地域性的經濟集團在國際事務的重要性在未來可能會持續增強。經濟地域主義如果成功，會強化文明意識，然而，經濟地域主義也唯有以共同的文明做根基，才有可能成功。歐洲共同體有歐洲文明及西方基督教作爲共同基礎。隨著冷戰結束，文明共通性已漸漸克服了意識形態的歧異而逐步拉近中國大陸與台灣的距離。中國、香港、台灣、新加坡，以及其他亞洲國家華人地區經貿關係正在迅速拓展，這明顯是共同文明促成的。

人們一旦以族群和宗教觀念來界定自己的身分與認同的對象，他們極有可能把自己和其他族群及宗教的關係，看成一種「我們」與「他們」對抗的關係。因此，文明的衝突會在兩個層次發生。在微觀層次，沿著文明斷層線相鄰卻相爭的族群，通常會爲了控制領土及主宰對方，而爆發暴力衝突。在宏觀層次，則隸屬不同文明體系的國家組合，會在經濟和軍事力量上競爭，爲了控制國際機構及弱小的第三者而鬥爭，而且會拼命倡導他們各自獨特的政治與宗教的價值觀念。

文明與文明之間的斷層線，正在取代冷戰時代的政治與意識形態的界線，成爲危機與流血衝突的引爆點。雖然歐洲已經沒有意識形態上的分裂，但是西方的基督教與東方基督教（東正教）及伊斯蘭教，在歐洲的文明分裂已經重現了。尤其是西方與伊斯蘭教世界之間的衝突加劇，移民問題增添政治的敏感性。在此情形下，宗教強化了族群認同，使對峙氣氛益趨濃烈。九一一的自殺性攻擊造成數千無辜的美國與其他國家人士的慘死，便是顯例。歐亞大陸的文明大斷層，如今再度處處烽火，伊斯蘭教國家集團的勢力外圍尤其如此，在巴爾幹半島與東正教開打，在以色列與猶太教火拼，在印度與興都教鬥爭，在菲律賓與天主教爭執。伊斯蘭教文明的邊界確實一片血腥的鬥爭。

隨著後冷戰時代的到來，「文明共通性」（H. D. S. Greenway語）類同國家的組合正取代政治意識形態和傳統的權力平衡考量，成爲國際合作與結盟的基礎。一個文明衝突的世界必定是一個持雙重標準的世界。

超強蘇聯垮台後，西方控制了國際政治，並和日本一起主宰國際經濟。不久美日歐經濟衰退，中國的「和平崛起」，造成足以與美國相對抗的新霸權。當今全球性的政治與安全議題，可以說是由美、中、歐盟三者在主控，至於經濟議題，也受這三極在主導。唯一加以制衡的是油產國（大部分在中東、北非、印尼、汶萊）挾其油價的節節上升，而施予大國壓力。這些國家關係緊密，把非西方文明體系的國家排除在國際議題的決策圈外。聯合國安理會和國際貨幣基金會的決策，反映的是西方的利益。但是呈現給各國時，卻當成是在反映全球的需要。事實上，西方正運用國際機構、軍事力量與經濟資源掌控世界，以便維持西方的優勢，保護西方的利益，並倡導西方的政經理念與價值觀。

權力差距是西方與非西方衝突的來源之一。與基本價值理念及思想信仰有關的文明差異，則是另一個衝突的來源。「西方世界認爲最重要的理念，在其他地區根本就微不足道」（Harry C. Triandis語），例如民主與人權的觀念，在非西方人眼中，是西方殖民帝國的殘留產品，也是被強迫推行給發展中地區的理念。非西方對抗西方文明的作法，或是閉關自鎖，防止「腐化」；或是加入西方行列，接受其理念與制度；或是非西方聯手發展軍事與經濟力量，同時保有本土的價值觀，亦即採取現代化而非西方的途徑，去「抗衡」西方。[6]

七、對杭廷頓文明衝突的批評

在一九九三年夏發表〈文明的衝突？〉一文之後，杭廷頓又於一九九六年出版《文明的衝突與世界秩序的重建》一書，[7]本書爲前文的延伸與擴張，同時也包含該文發表後三年間所引發的爭論與批評之回應。該書作者在〈自序〉上強調〈文明的衝突？〉之標題有一個問號，但卻爲大部分讀者所忽視，以致誤解，「好奇、憤怒、恐懼和困惑」成爲一般讀者的反應。平心而論，該文卻是全球剛進入後冷戰初期一篇震撼人心、驚世之作。以閱讀該文的心情在展讀其後杭氏的大作，則震撼力大減，這大概是冗長繁瑣的教科書（儘管作者大力撇清，指出「本書無意作爲社會科學教材」）與簡明精悍的文章相較大爲不同之處。

其實不只是文明的衝突值得我們深思啓疑，就是何謂文明，也是令人一時不易理解。我們不禁要問：取代意識形態與國族的爭執，眞的是文明的衝突嗎？文明的客觀因素包括語言、歷史、宗教、習俗、典章制度；文明的主觀因素包括自我認同、國族認同、文明認同等，以此要素的結合，杭廷頓區分全球爲西方文明、儒家文明、日本文明、伊斯蘭教文明、印度文明、斯拉夫東正教文明、拉丁美洲文明、非洲文明共七、八種之多。這種分類基本上並沒有脫離區域或地緣的關係，雖然背後藏有宗教、種族、語言、文化的影子。事實上，我們質問的起點，便是不認爲當代中國的文明可用儒家文明來涵蓋，特別是北京政權過去熱烈擁抱馬列史毛的思想與教條（甚至將《毛語錄》當成聖經），或鼓吹四大堅持之時。再說，像一度強調儒家思想的新加坡，事實上現今是西方文明的狂熱追求者，另以繼承中國固有文化道統而自居的台灣，與其指認它是儒家文化的香火繼承人，倒不如說中國、日本、歐美和本土文明的混雜者。要之，當今世界不少地區與國度（特別是非洲），絕大部分受西方帝國主義與殖民主義科技文明的洗禮與衝擊，他們仿效西化尚嫌不及，還談什麼保持與發揮本土文明？特別是整個非洲能夠看成是一種文明嗎？

因之，杭廷頓這本著作的第一個子題已是充滿疑問，第二個子題「世界秩序的重建」尤其必須加上問號。而什麼是世界秩序？難道是英國米字旗不落日「大英帝國和平」（*Pax Britannica*）？還是美國帝國主義維持監督下的「美國和平」（*Pax Americana*），才算是世界秩序？換言之，不提早期與中世紀，單單自梅特涅（Klemens von Metternich 1773-1859）以來，兩百年間西方霸權者所造成的全球暫時性的權力平衡。視世界大戰的排除或暫時性火拼的抑制爲和平、爲秩序，都是西方大國主政者的妄想。以研究國際政治知名的杭廷頓，應當比我們更能理解「世界秩序」的眞諦。既然世界秩序只是一種希冀的、暫時性、區域性，而非事實的、永恆性、寰宇性的人類諸價值之一，則不談也罷。不過如果吾人一定要談權力平衡，或均勢的話，也許應該退而求其次，談談區域的秩序，或二十一世紀的秩序，這才是務實的作法。

◆註釋◆

[1] Hartfiel, Günter 1972, *Würterbuch der Soziologie*, Stuttgart: Alfred Kröner Verlag, S.694.

[2] Marshall, Gordon 1994, *Oxford Concise Dictionary of Sociology*, Oxford and New York: Oxford University Press, p.145.

[3] Armillas, Pedro 1968 "The Concept of Civilization," in: David L. Sills (ed.), *International Encyclopedia of the Social Sciences*, New York: The Free Press, vol.16, pp.218-219.

[4] 黃楠森、夏甄陶、陳志尚（主編），一九九〇，《人學辭典》，北京：中國國際廣播出版社，頁四一一—四一二頁。

[5] 洪鎌德，二〇〇四，《當代主義》，台北：揚智，頁三三二—三八九。

[6] 杭廷頓，〈全球文化衝突的時代來臨了?〉，原載《中國時報》，一九九三年六月二十二日、二十三日、二十四日，丁連財譯。原為「文明」衝突，譯者卻譯為「文化」衝突，此係一誤譯。

[7] 杭廷頓著，黃裕美譯，一九九七，《文明衝突與世界秩序的重建》，台北：聯經。

譯名對照表

二劃

卜舍（Jacques B. Bousset 1627-1704）

四劃

孔多塞（Marquisde Condorcet 1743-1794

孔德（Auguste Comte 1798-1857）

巴特勒主教（Bishop Joseph Butler 1692-1752）

巴赫霍分（Johann Jakob Bachofen 1815-1887）

牛頓（Isaac Newton 1643-1727）

五劃

卡西勒（Ernst Cassierer 1874-1945）

卡謬（Albert Camus 1913-1960）

史可圖（Duns Scotus 1266-1308）

史金納（B.F. Skinner 1904-1990）

史賓格勒（Oswald Spengler 1880-1936）

史懷哲（Albert Schweizer 1875-1965）

尼克馬可（Nichomacus）

尼采（Friedrich Nietzsche 1844-1900）

布柏（Maritn Buber 1878-1965）

布勞岱（Fernand Braudel 1902-1985）

布爾卡特（Jakob Burckhardt 1818-1897）

必麒麟（William A. Pickering 1840-1907）

瓦羅（Marcus Terentius Varro 116-27 B.C.）

皮里（R. B. Perry 1876-1957）

皮特魯（Petras Hispanus 122601277）

皮爾士（Charles S. Peirce 1839-1914）

石里克（Moritz Schlick 1882-1936）

六劃

伊壁鳩魯（Epicurus 341-270 B.C.）

休姆（David Hume 1711-1776）

列維・史陀（Claude Levi-Strauss 1908-2009）
列維・布胡（Lucian Levy-Bruhl 1857-1939）
安納沙克尼斯（Anaximenes 585-525 B.C.）
安納沙克曼德（Anaximander 611-547B.C.）
艾利亞士（Norbert Elias 1897-1990）
衣拉士穆（Desiderius Erasmus 1467-1536）
西內嘉（Seneca 5B.C.-65A.D.）
西塞羅（Cicero 106-43 B.C.）

七劃

但丁（Dante Alighieri 1265-1321）
佛洛伊德（Sigmund Freud 1856-1939）
克魯伯（A. L. Kroeber 1876-1960）
克羅齊（Benedetto Croce1866-1952）
希波克拉提斯（Hipporates of Kos 460-377 B.C.）
希羅多德（Herodotus 480-425 B.C.）

李察德茲（I. A. Richards 1893-1979）
杜威（John Dewey 1859-1952）
沙特（Jean-Paul Sartre 1905-1980）
狄奧尼西（Dionysus）
狄爾泰（Wilhelm Dilthey 1833-1911）
狄德羅（Denis Diderot 1713-1784）
貝克萊（George Berkeley 1685-1753）
貝爾（Clive Bell 1881-1964）

八劃

亞丹・斯密（Adam Smith 1723-1790）
亞理士多德（Aristotle 384-322B.C.）
亞歷山大大帝（Alexander the Great 356-323 B.C.）
味吉爾（Vergil 70-19B.C.）
宙斯（Zeus）

帕門底斯（Parmenides c.a. 520-450B.C.）
拉坎（Jacques Lacan 1901-1983）
拉普雷（Pierre Simon Laplace 1749-1827）
杭廷頓（Samuel P. Huntington 1927-2008）
阿波羅（Apollo）
阿爾弗烈特．韋伯（Alfred Weber 1868-1958）

九劃

哈里遜（Jane Harrison 1850-1928）
施特勞斯（David Struss 1808-1874）
柯拉克（Samuel Clark 1675-1729）
柯萊斯特尼士（Kleisthenese ?）
查士丁尼（Justinian the Great 527-565 A.D.）
查爾德（Vere Gordon Childe 1892-1957）
柏克利斯（Pericles 495-429 B.C.）
柏拉圖（Plato 429-349B.C.）
柏林（Isaiah Berlin 1909-1997）
柏波爾（Karl Popper 1902-1994）
柏格森（Henri Bergson 1859-1941）
洪博德（Wilhelm von Humboldt 1767-1835）
洛克（John Locke 1632-1704）
耶和華（Jehovah, *YHWH*）
胡賽爾（Edmund Husserl 1859-1938）
郎格（Andrew Lang 1844-1912）
韋士頓（John Wisdom 1904-1993）
韋里（Gordon R. Willey 1913-2002）

十劃

夏夫特伯理（Earl of Shaftsburg 1671-1713）
孫末楠（William Graham Sumner 1840-1910）
席勒（F. C. S. Schiller 1864-1937）
庫薩努士（Nicolaus Cusanus 1404-1464）

恩格斯（Friedrich Engels 1820-1895）
泰利斯（Thales 640-546 B.C.）
泰勒（Edward Burnett Tylor 1832-1917）
海涅（Heinrich Heine 1797-1856）
海德格（Martin Heidegger 1884-1976）
特洛爾奇（Ernst Troeltsch 1865-1923）
特陵西（Publius Terentius Afer 195/185-159 B.C.）
索列爾（Georged Sorel 1847-1922）
索倫（Solon 638-559 B.C.）
索緒爾（Ferdinand de Saussure 1857-1913）
索霍克勒士（Sophocles 496-406 B.C.）
馬立諾夫斯基（Bronislaw Malinowski 1884-1942）
馬克思（Karl Marx 1818-1883）
馬偕（G. L. Mackay 1844-1901）
馬基維利（Niccoló Machiavelli 1469-1527）
涂爾幹（Émile Durkheim 1858-1917）
涂齊地德（Thucydides 460-400 B.C.）

十一劃

寇恩（Alejandro Korn 1860-1936）
康德（Immanuel Kant 1724-1804）
梅列（Antonie Meillet 1866-1936）
梅特涅（Klemens von Metternich 1773-1859）
梅樓・蓬第（Maurice Merleau-Ponty 1908-1961）
畢卡索（Pablo Picasso 1881-1973）
畢達哥拉斯（Pythagoras 580-500 B.C.）
笛卡兒（Réné Descartes 1596-1650）
莫爾（Thmoas More 1478-1535）
荷馬（Homer ?）
麥內克（Friedrich Meinecke 1862-1934）

十二劃

傅立葉（Charles Fourier 1772-1837）
傅萊（Roger Frey 1886-1934）
喬哀思（James Augustine Joyce 1882-1941）
彭鶴飛（Dietrich Bonhoeffer 1906-1945）
斯賓塞（Herbert Spencer 1820-1903）
斯賓諾莎（Baruch Spinoza 1634-1677）
普羅塔克拉斯（Protagoras 490-421B.C.）
舒萊業馬赫（F. E. D. Schleirmacher 1768-1834）
達芬奇（Leonardo da Vinci 1452-1519）
萊布尼茲（Gottfried Wilhelm Leibnitz 1646-1716）
菲立普（馬其頓王）（Philip II, King of Macedona 359-336 B.C.）
費希特（Johann Gottlieb Fichte 1762-1814）
費希納（Gustav Fechner 1801-1887）
雅典娜（Athena）
黑格爾（Georg Wilhelm Hegel 1770-1831）

十三劃

塔齊圖斯（Publius Cornelius Tacitus 55-117）
奧古斯都（Augustus, Emperor of Rome 63 B.C.-14 A.D.）
奧托（Rudolf Otto 1869-1937）
奧康（William of Ockham 1290-1349）
溫德（Wilhelm Wundt 1832-1920）
聖西蒙（Claude Henri de Rouvroy Saint-Simon 1760-1825）
聖傑羅美（St. Jerome 340-420）
聖奧古斯丁（St. Augustine 354-430）
詹姆士（Willian James 1842-1930）
詹斯基（Noam Chomsky 1928- ）

路易士（C. I. Lewis 1883-1964）
達文西（Leonardo di ser Piero da Vince 1452-1519）
雷斐德（Robert Redfield 1897-1958）

十四劃

榮格（Carl Gustav Jung 1875-1961）
歌德（Wolfgang von Goethe 1749-1832）
瑪克士・韋伯（Max Weber 1864-1920）
福立德爾（Egon Friedell 1878-1938）
福爾泰（François-Marie Arouet [Voltaire] 1694-1778）
維柯（Giambattista Vico 1668-1744）
維根斯坦（Ludwig Wittgenstein 1889-1951）
蒙太涅（Michel de Montaigne 1533-1592）
蓋尤斯（Gaius 130-180）
裴特拉克（Francesco Peterarca 1304-1374）
赫拉克里圖（Heraclitus 540-480 B.C.）
赫爾德（Johann Gottfried von Herder 1744-1803）

十五劃

劉齊蒲斯（Leucippus）
德謨克里圖（Democritus 460-370 B.C.）
德羅伊森（Johann Gustav Droysen 1808-1884）
摩爾根（Lewis Henry Morgan 1818-1881）

十六劃

盧梭（Jean-Jacques Rousseau 1712-1778）
穆勒（John Stuart Mill 1806-1873）
穆爾（G. E. Moore 1873-1958）
賴特（G. H. von Wright 1916-2003）
賴爾（Gilbert Ryle 1900-1976）

霍夫（Benjamin Lee Whorf 1897-1941）

霍布士（Thomas Hobbes 1588-1679）

霍拉齊（Horace 65-8 B.C.）

鮑亞士（Franz Boas 1858-1942）

十七劃

戴爾菲（Delphi）

繆勒（Max Müller 1823-1920）

繆斯（Muse）

薄伽丘（Giovanni Boccaccio 1313-1375）

謝林（Friedrich W. J. Schelling 1775-1854）

謝勒（Max Scheler 1874-1928）

賽諾方（Xenophanes 570-470 B.C.）

十八劃

藍克（Leopold von Ranke 1795-1886）

謬勒（Max Müller 1823-1900）

十九劃

龐德（Erza Pound 1885-1972）

羅森柏格（Harold Rosenberg 1906-1978）

邊沁（Jeremy Bentham 1748-1832）

二十劃

蘇格拉底（Socrates 470-399B.C.）

國家圖書館出版品預行編目資料

人本主義與人文學科／洪鎌德著. -- 二版. -- 臺北市：五南圖書出版股份有限公司, 2021.04
面； 公分.
ISBN 978-986-522-645-9（平裝）

1.人本主義 2.人文學

119 110004686

1PBF 五南當代學術叢刊064

人本主義與人文學科

作　　者 — 洪鎌德（162.4）
發 行 人 — 楊榮川
總 經 理 — 楊士清
總 編 輯 — 楊秀麗
副總編輯 — 劉靜芬
責任編輯 — 林佳瑩
封面設計 — 姚孝慈
出 版 者 — 五南圖書出版股份有限公司
地　　址：106台北市大安區和平東路二段339號4樓
電　　話：(02)2705-5066　傳　真：(02)2706-6
網　　址：https://www.wunan.com.tw
電子郵件：wunan@wunan.com.tw
劃撥帳號：01068953
戶　　名：五南圖書出版股份有限公司

法律顧問　林勝安律師事務所　林勝安律師

出版日期　2009年2月初版一刷
　　　　　2016年3月初版三刷
　　　　　2021年4月二版一刷

定　　價　新臺幣320元